经典 历史

中国二十四朝代
重大记事

李默 / 主编

廣東旅遊出版社
GUANGDONG TRAVEL & TOURISM PRESS
悦读书·悦旅行·悦享人生

中国·广州

图书在版编目（CIP）数据

中国二十四朝代重大记事 / 李默主编 . — 广州：广东旅游出版社 , 2013.10（2024.11 重印）
ISBN 978-7-80766-651-6

Ⅰ . ①中… Ⅱ . ①李… Ⅲ . ①中国历史－大事记－通俗读物 Ⅳ . ① K209

中国版本图书馆 CIP 数据核字 (2013) 第 221348 号

出 版 人：刘志松
总 策 划：李 默
责任编辑：何 阳
装帧设计：盛世书香工作室　腾飞文化
责任校对：李瑞苑
责任技编：冼志良

中国二十四朝代重大记事
ZHONG GUO ER SHI SI CHAO DAI ZHONG DA JI SHI

广东旅游出版社出版发行
（广东省广州市荔湾区沙面北街 71 号首、二层）
邮编：510130
电话：020-87347732（总编室）020-87348887（销售热线）
投稿邮箱：2026542779@qq.com
印刷：三河市嵩川印刷有限公司
　　　（河北省廊坊市三河市杨庄镇肖庄子村）
开本：650×920mm　16 开
字数：105 千字
印张：10
版次：2013 年 10 月第 1 版
印次：2024 年 11 月第 3 次印刷
定价：45.80 元

［版权所有　侵权必究］
本书如有错页倒装等质量问题，请直接与印刷厂联系换书。

出版者识

　　《了解历史丛书》是一部全景式图文并茂记录中国文明历史的大书。出版者穷数年之力，会集各方力量——专家、学者、编辑、学术顾问们，在浩如烟海的历史档案、资料、著作中，探珍问宝，追寻中华文明在悠悠历史长河中的灿烂之光。此书的出版，凝聚了编撰者的心血，学术顾问们的智慧。尤其是李学勤先生，亲自动笔写下了序言，更增加了本书沉甸甸的分量。

　　中华文明的历史充满了辉煌与苦难，成就和挫折。它的历史无处不在，决定着我们中国人今天的思想和感情。当今的中国和中国人是中华文明的历史造就的，是中华文明的历史的延伸，也是它的一个组成部分，中华文明的历史之河奔流到现在。

　　中华文明是人类历史上最伟大的文明之一，是人类文明发展的主要构成。中华文明丰富、深刻、辉煌、博大，在人类文明中的骨干作用和领导作用人所共知。在人类文明的发源时期，中国就是四大古国之一，是地球上文化的策源地之一。在人类文明的早期，中华文明已成为文明在东方的支柱，公元前后200年间，人类的汉帝国与罗马帝国这两只铁手攫住了地球。在欧洲进入中世纪的时候，中华文明更成为了人类文明最主要的领导，它的文明统治东亚，传遍世界。进入近代，中华文明处于自身的重压和西方的欺凌下，但中国人民的斗争史和奋起精神是人类文明历史中不可缺少的一页。

　　五千年的中华文明为人类贡献出了从思想家孔子到科学技术的四大发明、从唐诗宋词到长城运河的伟大创造，贡献出了从诸子百家到宋明理学，从商周铜器到明清文学的深刻内涵，也贡献出了从五霸七强到三国纷争、从文景之治到十大武功的辉煌历史。中华文明的历史绚烂多彩，在人类文明的历史长河中永放光芒。

　　中华文明也是人类历史上最独特的文明，没有哪一个文明像中华文明这样持久，这样统一一致。世界上其他文明不但互相交错，其创造者也都与高加索人种有关，它们是姐妹文明。在人类历史中，只有中华文明才是独特的，它的创造者是中国土地上的中国人民，与其他任何地方的人民都没有关系，它的文化是统一一致的文化，可以不依赖于其他任何文明而生存，但中华文明也绝不是封闭的，它接受他人的文化，也承担自己对于人类的责任。

　　人类进入新世纪，中国的社会经济发展令世人瞩目。人们对于世界未来的政治和经济结构的估计无不以东亚和太平洋为中心，而尤以中国为重点。

经济起飞只是当代中国的一个方面，中国的精神文明的建设尤为刻不容缓。如果中国要自觉地发展中华文明，要有意识地使中国的发展具有世界意义，就必须发展强有力的精神文化，这样才能使中华文明的发展进入一个新的阶段，才能形成中国和中华文明的全面现代化。

而中国的精神文化的发展植根于中华文明的伟大传统之中。进入近代之后，在西方文化的冲击下，对于中国文化的价值产生大量的情绪化和激烈冲突的论调。"五四"运动"打倒孔家店"的口号具有冲破封建束缚的时代意义，对中国文化的发展有不容否认的正面意义，与文化虚无主义是完全不同的。文化虚无主义者否定中国传统文化，在现代化的旗帜下主张全盘西化；而复古主义则沉迷于中国文化的古董，走进反进步、反科学的泥潭。

历史的发展则超越了所有这些论点，产生这些论调的一百多年来的中国近代史已经结束。历史要求中国发展，要求中国走在全世界发展的前列。西化论和复古论都已过时，历史已经要求世界超越西方，中国可以承担起世界的命运，而中国的现实和世界的历史都说明，中国的使命在于它的发展前进，而非倒退。

中华文明走出迷惘的时代，我们这一代处在一个伟大而具有挑战的历史阶段。

总结历史、展望未来，这就是《了解历史丛书》的意义和使命。我们创作《了解历史丛书》，力求总结和回顾中华文明的全貌，在内容和形式上都开创一个新的局面。在内容结构上，既具有一定的深度，又具有相当的广博性，既有严谨、准确的学术价值，又有活泼、流畅的可读性。我们在本丛书内容纳了中华文明的各个方面，使它综合了大规模学术著作的系统性、严密性和普及读物的全面性、简易性，它既可作为大型工具书检索中华文明的各个成分，又可作为通俗的读物进行浏览。

我们从上世纪90年代初起就开始思考中华文明的历史和现实问题，并逐渐形成了编著《了解历史丛书》的设想。在开展这项庞大的文化工程之始，我们就聘请了国内权威学者李学勤、罗哲文、俞伟超、曾宪通、彭卿云诸先生担任学术顾问，他们对计划作了充分讨论，并审阅了大量初稿。我们聘请了广州、香港地区的社会科学学者、大学教师、研究生以及我社编辑人员几十人担任稿件的撰写工作。

通过创作这部书，我们深深地感受到了中华文明的博大精深，也感受到了它的内在缺陷。中华文明具有辉煌的时期，也有苦难的年代，有它灿烂的成就，也有其不足的方面。中华文明在自身中能够吸取充分的经验和教训，就能够使自身健康壮大，成长发展。

通过创作这部书，我们也深深感受到了出版事业的使命和重任。我们希望这部书能受到广大读者的喜爱，起到它所应当起的作用。为中华文明的反省、前进和奋起作一点贡献。

目 录

纺织技术出现并迅速发展 / 001

数字刻符出现 / 005

齐家文化出现阶级和军事体制 / 006

夏部族建立传说中中国第一代王朝 / 009

商代学校教育出现 / 011

商纣荒淫亡国 / 013

周武王封邦建国 / 016

宣王中兴 / 017

秦国崛起 / 018

齐桓公即位 / 020

楚庄王一鸣惊人 / 022

楚庄王围宋·华元解围 / 023

鄢陵大战 / 024

老子著书出关·《道德经》代表中国纯粹哲学 / 025

吴王破楚入郢 / 028

孔子归鲁·开始著述 / 030

《春秋》纪事结束·战国时代开始 / 032

李悝改革 / 034

田氏代齐 / 037

商鞅变法 / 039

魏齐马陵之战 / 042

赵国修筑长城 / 043

屈原联齐 / 044

燕乐毅将五国军伐齐 / 045

吕不韦自杀 / 047

荆轲刺秦王 / 048

秦始皇开创帝制 / 050

陈胜、吴广大泽乡起义 / 055

晁错被杀·七国叛乱 / 057

司马迁受宫刑 / 058

燕王及桑弘羊谋反 / 059

霍光病死·霍氏灭族 / 060

王氏五侯·外戚政治抬头 / 061

王莽改制 / 062

光武帝诏州郡检核天下垦田户口 / 064

司马炎称帝改制 / 066

西晋覆亡 / 068

司马睿称帝·东晋建立 / 069

刘裕灭刘毅 / 071

北凉灭西凉 / 072

齐宫内乱 / 073

北齐政乱·斛律光冤死 / 074

刘裕篡晋建宋 / 075

中国政治由三公九卿向三省六部制过渡 / 076

冼夫人奉岭南附隋 / 079

李世民开馆延士 / 080

唐大破东突厥·平定漠南 / 081

安史之乱爆发 / 084

宪宗策试·种牛李党祸 / 087

宦官开始废立皇帝 / 089

耶律阿保机为契丹主 / 090

晚唐壁画骄奢淫逸 / 091

女侠小说出现 / 093

朱全忠建梁·五代开始 / 095

宋行募兵制 / 097

宋灭南唐·李煜去世 / 099

辽宋军大战于高梁河和满城 / 100

王安石主张"文章合用世" / 102

宋夏永乐城大战 / 104

宋夏爆发平夏城之战 / 105

宋夏庆历和议成 / 106

宋徽宗让位于钦宗 / 108

宋高宗变革兵制 / 110

隆兴和议既成 / 111

禅宗开始东渡 / 112

宋北伐金国失败 / 114

宋独尊朱学 / 115

宋于三学内立碑禁议国政 / 116

蒙古政治汉化 / 117

伯颜大军渡江灭宋 / 119

元世祖忽必烈去世 / 121

元仁宗即位整顿国务 / 123

朱元璋北伐 / 125

朱元璋称帝建明 / 126

定都北京 / 128

官员服装实行"补子" / 129

八股文定型 / 131

明廷对西南推行"改土归流"政策 / 133

严嵩误国造成庚戌之变 / 135

倭患日烈·昏官祭海 / 137

明神宗三大战役进行 / 139

李自成攻入北京·朱由检自缢煤山 / 141

吴三桂起兵·三藩反清 / 142

南怀仁铸神勇大炮 / 144

雍正帝即位 / 145

秘密立储制度建立 / 147

太平军达到顶峰 / 148

纺织技术出现并迅速发展

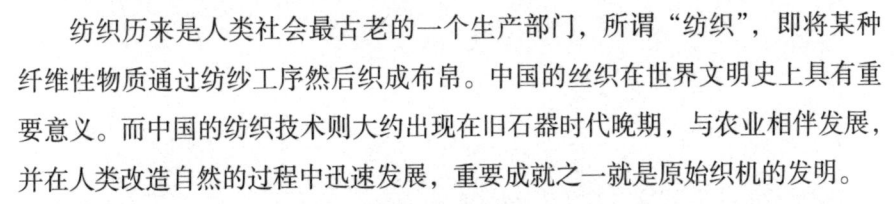

纺织历来是人类社会最古老的一个生产部门，所谓"纺织"，即将某种纤维性物质通过纺纱工序然后织成布帛。中国的丝织在世界文明史上具有重要意义。而中国的纺织技术则大约出现在旧石器时代晚期，与农业相伴发展，并在人类改造自然的过程中迅速发展，重要成就之一就是原始织机的发明。

在纺织技术的起始阶段，编结与编织技术给了纺织技术许多启示。例如：出土于山西芮城风陵渡匼河遗址的石球，这种石球是用来作飞石索投掷打击野兽的，飞石索多用皮条或植物纤维编成网兜来系住石球；此外还有大量出土的骨针，用来缝制和编结；《易·系辞下》中说："……作结绳而为网罟，以佃以渔。"编织的罗网即称"网罟"。这些实物证明编结技术与纺织技术密切相关，现在全国各省区的出土情况则说明纺织技术的发明地呈多元分布。

随着农业的发展和手工编结技术的提高，纺织技术出现并发展起来。纺，即"谓纺切麻丝之属为纻缕也"；织，即"作布帛之总名也"。纺织技术的出现和发展首先表现在纺织纤维的

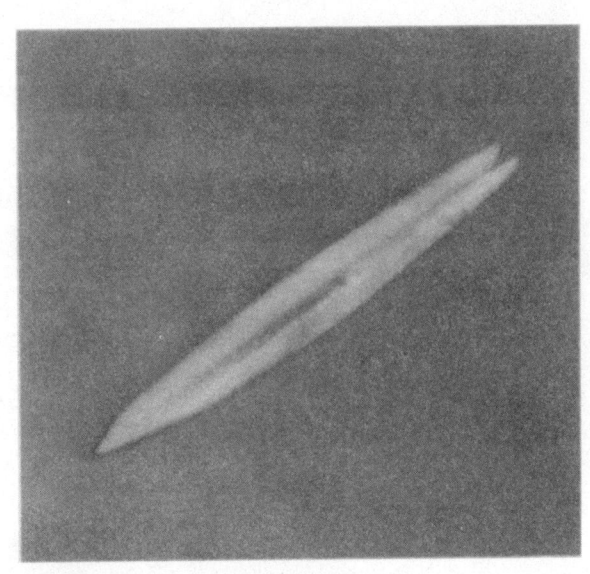

山东大汶口出土的新石器时代的骨梭

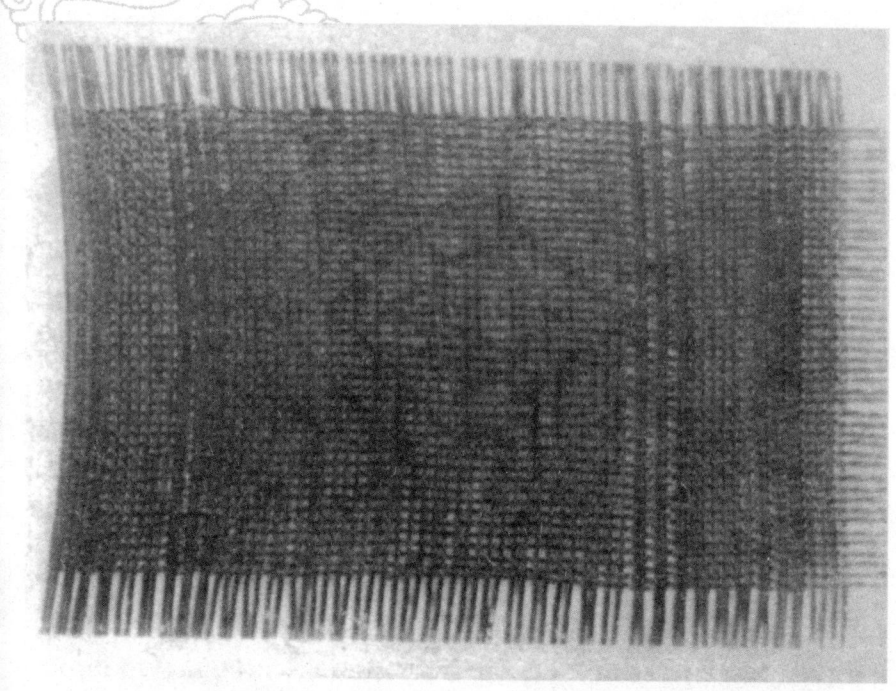

公元前4000年的葛纤维织物。江苏吴县草鞋山遗址马家浜文化层出土的织物残片（已碳化）。图为葛纤维织物模型。

提取，新石器时代有植物性与动物性两种不同类型的纺织纤维，植物性的有葛、大麻、黄荁麻和纻，动物性的主要有蚕丝。开始时原料多来自采集，后来变成人工栽培或饲养。

对于葛麻纤维主要有两种提取办法：一是用手或手工具直接提取，这样的纤维多呈片状，如：河姆渡的绳子；二是浸沤脱胶即自然脱胶，利用池水中细菌分解胶质，分离出纤维。而对于蚕丝，则如《说文解字》中说的："缫，绎茧为丝也。"即将茧置于热水中，用文火加热并适时加入冷水，这样得到的纤维表面光滑均匀，如浙江吴兴钱山漾良渚文化遗址出土的织物残片。除此以外还有对葛麻纤维的劈绩技术，即劈分与绩接，前者是将脱胶的纤维撕裂至小，后者就是将劈分的细小纤维束合接并续在一处。

纺织纤维的提取为纺织技术的出现与发展提供了物质基础，最早的丝织品是1958年在浙江吴兴钱山漾下层（第四层）良渚文化遗址出土的织物残片。早期的纺织品还有陕西华县柳子镇遗址出土的麻布片和江苏吴县草鞋山遗址马家浜文化层出土的织物残片（已碳化）。此时的纺纱技术操作全是手工进行，新石器时代唯一的纺纱工具就是纺坠。纺坠的构造十分简单，最初只是一根垂拉纤维的木棍和与之垂直的木杆，具体操作则有吊锭与转锭二法，尽管纺坠的结构非常简单，却具有现代纱锭合股和加捻的基本功能，可纺出多种粗细不同的纱，原因就在于它的组成部分——纺轮的外经大小与重量，外经大纺轮重则成纱粗，反之则细。除纺坠外还有施捻合股合并细线的纺专。

经过提取、绩、纺，纺织纤维成为纱线，于是织造成为可能。开初的织造是一种手工编织，在技法上大约还借鉴过竹器编织术，具体的新石器时代

公元前4000年的葛纤维织物残片（已碳化）。

的手工布帛编织术有平铺与吊挂二式，河姆渡出土的骨针、骨梭等就是当时的编织工具。在不断的实践过程中人们逐渐克服手工编织的速度慢、产品粗的缺点，发明了原始织机。根据考古发掘可推断出原始织机发明于新石器时代早中期。从河姆渡、钱山漾、草鞋山的考古发掘看，我国在新石器时代使用原始腰机，它由两根横木、一个杼子、一把打纬刀、一根综杆和一根分经棍组成，综杆可使需要吊起的经纱同时起落，纬纱一次引入，打纬刀则抽紧纬线，可完成开口、引纬、打纬三项主要操作，使原始织机具有机械装置的一些特点。

由于原始织机的使用，织物的产量和质量都有提高，草鞋山、钱山漾出土的织物可看出织机的痕迹，由此证明我国纺织技术出现后，人们通过努力不断发展完善纺织技术，进入了纺织品的文明时代。

数字刻符出现

随着原始社会生产力的发展，各种剩余消费品的数量日益增多，为了计数物品，人们想出一些刻画符号用来表示较大的数，形成了各种数字刻符。西安半坡、上海马桥遗址第五层、浙江良渚、台湾凤鼻山、山东城子崖下层以及青海乐都柳湾、甘肃半山马厂等处出土的陶器上，都发现一些代表数字的刻画符号。

原始的计数方法有结绳、契刻、摆竹片等许多种。据说到二十世纪中期，我国云南红河元阳地区的哈尼族人还用麻绳打结来表示自己的田价银子数，而新疆巴里坤草原的哈萨克牧民至今还保留着用羊毛绳打结来记羊的数目。

契刻记数用刻在骨片、竹片、木片等上面的刻口多少表示一种数的习惯录。在西安半坡遗址中出土的陶器表面，出现了一些代表数字的刻画符号。这些以半坡为主的关中地区的刻画记数文字中，和甲骨文、金文中的数字有某种内在的演化发展关系。经初步认识，以半坡为主的关中地区的刻字刻画号一、×、∧、+、Ⅹ、Ⅰ、Ⅱ、Ⅲ等分别代表一、五、六、七、八、十、二十和三十等数字。时代稍晚于半坡的马桥陶片及城子崖陶片上，均有相类似的刻画符号，如用Ⅰ=表示十二，以U表示二十，而用山、屾、屾、Ⅹ等表示三十。

由此可见，在新石器时代，随着社会经济的发展，大量剩余产品的出现，为了贮存和分配的需要，原始的数字刻画计算方法已经运用到生活当中，为后人研究空间形式和建立数学学科提供了基础。

齐家文化出现阶级和军事体制

齐家文化上承马家窑文化，是新石器时代晚期至青铜时代早期的文化，早期年代约为前2000年，主要分布于黄河上游地区甘肃、青海境内，黄河的主要支流渭河、洮河、大夏河、湟水流域也有零星分布。齐家文化反映了父系氏族社会的特点，出现了阶级分化并产生原始军事民主制。

齐家文化的经济生活以原始农业为主，种植粟等农作物，人们过着比较稳定的定居生活。生产工具主要是石器和骨器，有石镰、石刀、石斧、石磨盘、石磨棒、石杵等。齐家文化的畜牧业相当发达，饲养的家畜有猪、羊、狗、牛、马等，其中养猪业最为兴旺。手工业也发展到一定水平，制陶、纺织及冶铜业都取得较大成就。齐家文化的陶器独具特色，主要有泥制红陶和夹砂红褐陶，还有少量的灰陶和泥制彩陶。纺织品以麻织布料为主，冶铜业发达，出现了红铜、铅青铜和锡青铜，表明齐家文化晚期已进入青铜时代。

生产力的发展促进私有制的产生，齐家文化中原始的贫富均等的状态已经被打破，出现了贫富差别以及人与人之间社会地位的高下之分，男子在社会上居于统治地位，产生了阶级和军事民

双大耳彩陶罐，齐家文化遗物。

主制。齐家文化中这些社会生活状况都可以在墓葬中得到反映。

迄今发现的齐家文化墓葬共800多座，大都是成片的氏族公共墓地，规模不一。墓葬的形制以竖穴土坑墓为主，墓壁垂直平整，墓坑大小不一。葬法有单人葬与合葬两种，单人葬以仰身直躯葬为主，也有俯身葬、侧身葬、瓮棺葬等。合葬墓以成年男女二人合葬较为普遍，此外还有成人和儿童合葬以及多人合葬等葬法。秦魏家的成年男女二人合葬墓，男性为仰身直肢，女性位左，侧身居肢面向男性；皇娘娘台的成年，一男二女的三人合葬墓，男性仰身直肢位在正中，二女分列左右，屈附其旁；成年人与儿童合葬中，中年男子与六七岁的儿童合葬，儿童紧附在男子的身边。这些合葬墓说明齐家文化中的婚姻形态已由对偶婚制过渡到一夫一妻制，只有少数富裕的家长过着一夫多妻的生活，男子在社会上居于统治地位，女子降至从属和被奴役的地位。父子合葬的习俗表明齐家文化中已有按父系的血统来计算

齐家文化红陶鸟形器

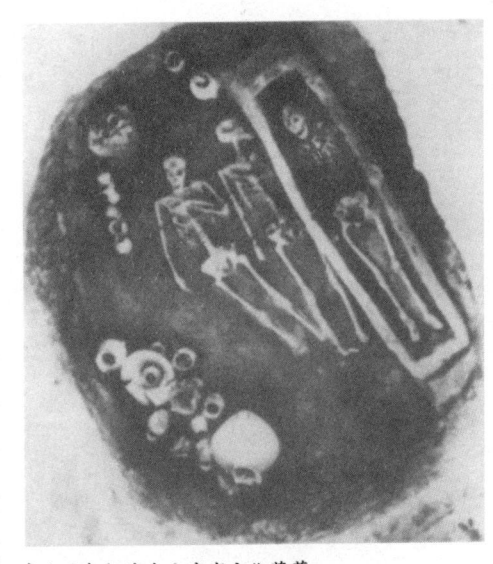

青海乐都柳湾出土齐家文化墓葬

世系的习惯，反映了父系氏族社会的特点。

　　齐家文化中还存在以人殉葬的风俗，殉葬者为奴隶和部落战争中的受害者。柳湾314号墓中，一成年男子仰身直肢平躺于木棺内，另有一青年女子侧身屈肢于棺外，一条腿骨被压在棺下，她是为墓主殉葬的奴隶。另外在齐家坪发现8人和13人同坑的墓，仰身者为墓主，其余都是殉葬者。殉葬的习俗反映了社会地位的差别与阶级分化。墓葬中随葬品的多寡显示出贫富不均的状况。如皇娘娘台墓葬的随葬器物，陶器少者一两件，多者37件，玉石璧少者一件，多者83件。这种情况表明，齐家文化中以冶金业为主导的手工业的增长，促进了生产力的发展，社会内部发生了深刻的变化，阶级出现，私有制产生，原始社会行将崩溃，齐家文化进入军事民主制阶段。

夏部族建立传说中中国第一代王朝

根据文献记载和古史传说，约前21世纪，聚居在中原地区黄河中下游两岸的夏部族，通过与周围地区其他部族联盟的形式，首先建立了中国历史上第一代王朝，史称夏。

古籍文献记载夏朝的史料很少，关于夏朝的研究至今仍处于探索阶段。考古工作者在文献记载中夏朝的主要活动地区，进行了大量的考古发掘工作。目前，河南西部地区古代文化发展的序列已基本清楚，属于河南龙山文化晚期和二里头文化早期的文化，很可能与夏文化有关。

夏王朝的统治中心地带，大致西起今河南省西部与山西省南部，东至河南省与山东省交界处，北入河北省，南接湖北省。这一区域的中心是嵩山及其周围的伊、洛水流域、济水流域和颖水与汝水上游地区。

根据文献记载和古代传说，约前21世纪时，黄河流域地区已形成了强大的部落联盟，夏族部落是其中重要一员。传说，部落联盟的首领舜，按传统的推选方式传位给禹。舜死后，禹欲让

夏禹王像。禹，传说中夏朝的第一个王，鲧之子。因禹治水有功，舜让位于他。在他死后，子启即位，从此开始了王位的世袭制度。

位于舜之子商均,但天下诸侯朝禹而不拜商均,禹遂在阳城(今河南登封东南)即位(约前 2033 年—前 1989 年)。

禹继位后,连续发动征讨位于今汉水上游丹江一带的南蛮三苗的战争,并取得胜利,巩固了王权。为了巩固统一,禹南巡涂山(今安徽怀远境内),大会诸侯。各诸侯执玉帛对禹朝贡,行臣服礼。夷、夏诸侯首领完全臣服于夏禹的统治,成为维护王权的世袭贵族。其后禹再会诸侯于茅山(会稽山),防风部落的首领略有异心,姗姗来迟,遂被禹斩杀。

禹在晚年,曾推选夷人首领皋陶为继承人。皋陶先死,又推举伯益。但当禹死后,部落联盟中一些有权势的贵族,却起来反对伯益,拥立禹的儿子启继任。启趁势杀了伯益,夺得了王位(约前 1988 年—前 1979 年)。传统的"禅让"选举制度从此被破坏,代之以父传子的王位世袭制。

王位世袭制的确立,是形成奴隶制国家的重要标志之一,是一场重大的社会变革。夏部落中的同姓邦国有扈氏起兵反对,启亲率大军进行讨伐,双方大战于甘(今陕西户县),有扈氏战败而被"剿绝"。

启经过巩固王位的激烈斗争,确立了王位世袭制。于是众多邦国首领都到阳翟朝会,启在钧台(今河南禹县境内)召开诸侯大会。这就是历史上有名的"钧台之享",从而巩固了新王权。

随着王位世袭制的确立,以国王为中心的国家机构等体制亦逐渐建立起来。据说,禹巩固王权后,把当时所了解到的全部土地划为 9 个行政区域,即九州。这说明,夏代已经打破以血缘关系为基础的原始部落界限,开始按照居住地域把居民划分为若干区域,并设置地方官吏进行管理。《左传》中"茫茫禹迹,划为九州"的记载,就是这一情况的反映。这是国家区别于旧的原始氏族组织的特点之一。古籍文献中还记载有夏代已出现了牧正、庖正、车正(管理畜牧、膳食、车旅)等一系列的职官。从夏代不断的对外战争可以看出,当时夏有一支强大的军队,并在战争中把成批的战俘变成奴隶。夏时已经产生了刑罚,《左传》中说,"夏有乱政,而作禹刑"。禹刑是中国历史上被提及的最早的刑法。

商代学校教育出现

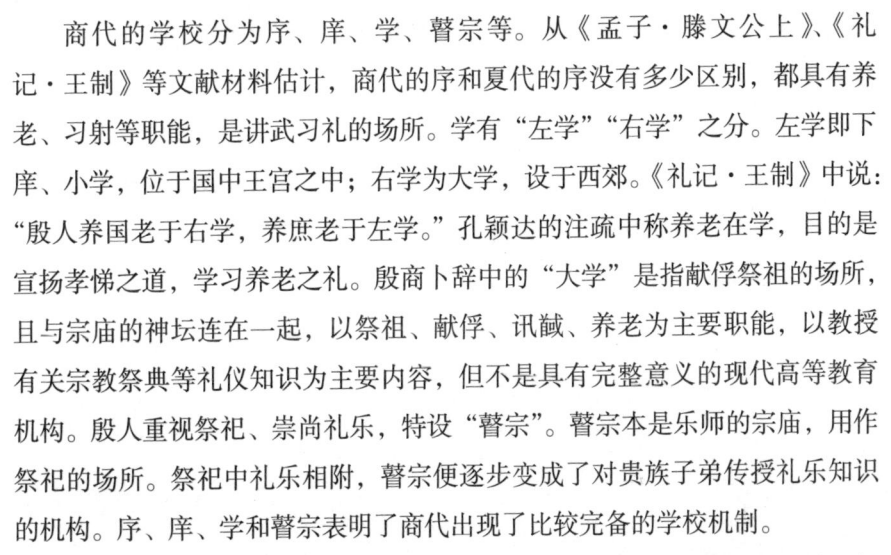

商代的学校分为序、庠、学、瞽宗等。从《孟子·滕文公上》、《礼记·王制》等文献材料估计，商代的序和夏代的序没有多少区别，都具有养老、习射等职能，是讲武习礼的场所。学有"左学""右学"之分。左学即下庠、小学，位于国中王宫之中；右学为大学，设于西郊。《礼记·王制》中说："殷人养国老于右学，养庶老于左学。"孔颖达的注疏中称养老在学，目的是宣扬孝悌之道，学习养老之礼。殷商卜辞中的"大学"是指献俘祭祖的场所，且与宗庙的神坛连在一起，以祭祖、献俘、讯馘、养老为主要职能，以教授有关宗教祭典等礼仪知识为主要内容，但不是具有完整意义的现代高等教育机构。殷人重视祭祀、崇尚礼乐，特设"瞽宗"。瞽宗本是乐师的宗庙，用作祭祀的场所。祭祀中礼乐相附，瞽宗便逐步变成了对贵族子弟传授礼乐知识的机构。序、庠、学和瞽宗表明了商代出现了比较完备的学校机制。

甲骨卜辞的发现，证实了商代学校已进行了许多方面的教学活动。如"乎多㲋伊自于教王族。"意即商王命令㲋伊（官名）认真负责地教育王族成员。又如"丁酉卜，其呼以多方小子小臣，其教戒。"指商王朝对已臣服的方国子弟（或战俘）进行军事技术和武术训练方面的教育。甲骨文还表明了商代学校已进行了读、写、算教学，出现了作为教材的典册。《尚书·多士》中有"唯殷

商代记载习武乐教学活动的甲骨文。这块刻在兽骨上的甲骨文，内容是商王命令官员认真教育王族成员："丁酉卜，其呼以多方小子小臣，其教戒。""戒"字，像人手持戈，本意可有二解：一是持戈警戒，一是持戈而舞蹈；"教戒"当兼指习武与习舞，与殷序习射、瞽宗习乐之说相吻合。

先人，有典有册"的句子，说明商代学校具有读书写字的教学条件。由于殷人几乎无事不占不卜，同宗教有密切关系的数术成为商代教育的重要内容。从甲骨卜辞看，商代最大的数字已达3万，并能进行一般的算术运算和绘制较为复杂的几何图形。殷商数学教育为天文历法的发展提供了有利条件，出土的一个骨片上就重复刻着从甲子到癸丑十天的干支表。据《史记》等文献和甲骨卜辞考证，商代教育具有官师合一的特点，即执掌国家宗法祭典大礼的职官往往也是在学校教授礼乐知识的教师，这种身兼两职的职官和教师统称为"父师"。

商代奴隶主贵族为了培养自己的子弟，巩固奴隶制国家的统治，建立了序、庠、学、瞽宗等学校，教师由国家职官兼任，教学内容以宗教和军事为主，此外还有伦理和一般文化知识。"六艺"教育初露端倪，为西周时期的教育开辟了道路。

商纣荒淫亡国

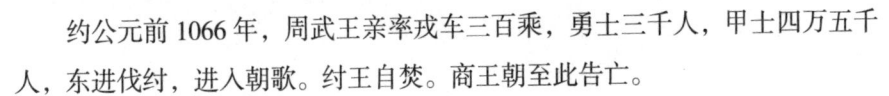

约公元前 1066 年，周武王亲率戎车三百乘，勇士三千人，甲士四万五千人，东进伐纣，进入朝歌。纣王自焚。商王朝至此告亡。

纣本为帝乙少子，因此时以嫡庶为核心的宗法制度已初步形成，立嫡不立长，纣因是帝乙正妻所生，得立为太子。纣天资聪敏，体格魁伟，勇力过人，能赤手与猛兽搏斗，能言善辩，恃才傲物。帝乙死后，纣继位为帝王。

纣王好酒色，喜淫乐，广建苑囿台榭，宠爱美女妲己，唯妇言是听，高筑"鹿台"，命乐师师涓作"兆里之舞"、"靡靡之乐"等淫声怪舞，又"以酒为池，悬肉为林"，通宵达旦地饮酒作乐，不理朝政，不祭鬼神，成为罕有其匹的昏君。

纣王昏淫无道，致使百姓怨恨，诸侯离异。为重振自己天子威风，纣王作"炮烙之法"：用青铜制成空心铜柱，中间燃以木炭，将铜柱烧红，凡有敢于议论他的是非的，一律绑在铜柱上，活活烙死。

诸侯梅伯劝谏纣王废除"炮烙"酷刑，纣大怒，将他剁成肉酱，强迫其他诸侯食之，以杀一儆百。后纣又因九侯之女厌恶宫中生活而肉醢九侯。

商代奴隶陶塑

牧野之战。图为商军中奴隶倒戈。

纣王肉醢九侯的举动，激怒了朝臣，但大家只是敢怒不敢言。鄂侯仗着自己是王朝三公的身份，与纣王激烈争辩，指责纣无道，纣当即将他处死，并制成干尸示众。纣醢九侯、脯鄂，西伯姬昌只在暗中叹息，不料为纣王得知，纣王命人将其囚禁在羑里。

纣王淫乱日甚一日，他的庶兄微子不忍坐视国家灭亡，苦劝纣王而不得，只好逃离王朝，隐居民间。纣的叔父箕子对纣的暴政早有不满，他装成疯子，混在奴隶之中。纣发现后，命武士将其囚禁。

纣的叔父比干亲眼见微子逃隐，箕子佯狂为奴，既非常伤感，又觉得他们未能尽到人臣责任，认为人主有过错而不劝谏，就是不忠；怕死而不敢进谏，就是不勇。于是他以死相争，接连三日苦苦劝谏纣王，不肯离开一步。纣恼羞成怒，下令杀死比干，剖腹取心，声称要看圣人的九窍之心。

纣王昏乱暴虐，愈演愈烈：杀王子比干、囚禁箕子，人民的不满无以复加，连太师、少师都抱乐器奔周。纣王已众叛亲离、彻底孤立，周王伐纣时机已经成熟。于是，武王遍告诸侯：殷有重罪，不可不征伐！武王亲率大军，与各地赶来的诸侯会合。武王历数纣王罪行，声称要"恭行天罚"。武王十一年二月甲子日早晨（前1066），周之诸侯之师到达距朝歌只有七十里之遥的商郊牧野，庄严誓师。纣王闻讯，匆忙调集大军，开赴牧野，与武王对阵。纣王之师远远多于武王，但是因纣王暴虐已极，遗弃骨肉兄弟，任用奸人，残害百姓，纣王军队无心恋战，只盼望武王尽快打败纣王。双方一交战，纣军士兵就倒戈转向武王。武王乘势指挥军队冲入敌阵，纣军全线崩溃。

纣王逃回殷都，登上鹿台，用四千多块宝玉环绕周身，然后自焚。武王率大军进入朝歌，百姓们列队欢迎仁义之师。

武王对纣尸连射三箭，然后下车，用剑击之，再用黄钺砍下纣首级，悬于大白之旗示众。

从汤到纣，商王朝历十七代三十王（不包括汤长子太丁），四百九十六年。武王灭了商纣王，商王朝至此告亡。

周武王封邦建国

武王四年（前1066年），周王朝正式建立。

牧野之战后，武王进入商都，分商的畿内为邶、鄘、卫三国，以邶封纣子禄父（即武庚），鄘、卫则由武王之弟管叔鲜、蔡叔度分别管理，合称三监（一说管叔监卫、蔡叔监鄘、霍叔监邶，以监视武庚）。

西周都城遗址

随后派兵征伐尚未臣服的商朝诸侯，据记载，征服者有99国，臣服652国。

克商后，武王还师西归，在他新迁的都邑镐京（即宗周，今陕西长安西北沣水东）举行盛大典礼，正式宣告周朝的建立。

周王朝建立后，所面临的政治形势相当严峻，武王以"小邦"之君统治如此大的区域，担心诸侯叛乱。为了巩固政权，适应新形势的需要，武王决定按功行赏，调整统治集团的内部关系，实行以周王室为中心的分封政治制度。先后受封的功臣昆弟主要有：姜太公、周公旦、召公奭等。

宣王中兴

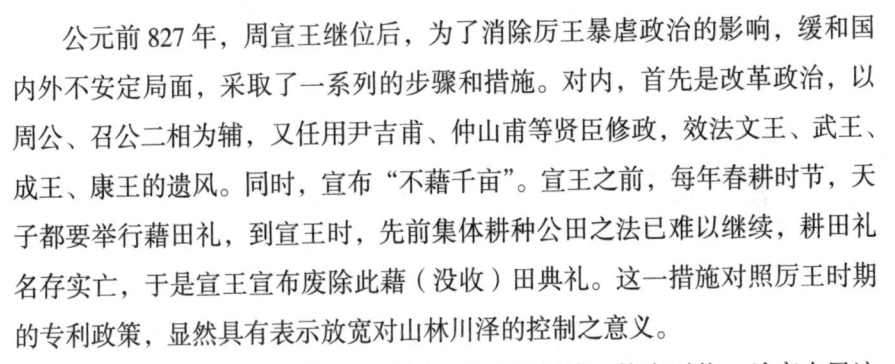

公元前827年，周宣王继位后，为了消除厉王暴虐政治的影响，缓和国内外不安定局面，采取了一系列的步骤和措施。对内，首先是改革政治，以周公、召公二相为辅，又任用尹吉甫、仲山甫等贤臣修政，效法文王、武王、成王、康王的遗风。同时，宣布"不藉千亩"。宣王之前，每年春耕时节，天子都要举行藉田礼，到宣王时，先前集体耕种公田之法已难以继续，耕田礼名存实亡，于是宣王宣布废除此藉（没收）田典礼。这一措施对照厉王时期的专利政策，显然具有表示放宽对山林川泽的控制之意义。

对外方面，周宣王即位后，针对猃狁不断侵扰，掠夺财物，杀害人民这一严重情况，周宣王一方面派南仲驻兵朔方，加强防守力量，同时又派尹吉甫领兵北伐，追至太原（泛指陕北、晋北一带的黄土高原），猃狁兵败北逃，其他戎狄部落也复臣服于周。宣王在战胜猃狁之后，又派方叔带兵南征荆楚，也取得一些胜利。派尹吉甫用武力压服南淮夷进献贡物，暂时控制了东南地区，恢复了对南方的影响。在宗周以南，以秦仲为大夫，命他西征西戎，结果为西戎所杀，又召秦仲之子庄公兄弟五人，带兵7000人，再伐西戎，结果取得胜利。

周宣王这一系列措施及行动，大大提高了王室的威信，遂使周势复振，诸侯又重新来朝。后来的史家称之为"宣王中兴"。然而，周王室日衰及诸侯日强之总趋势已不可避免，中兴现象只能是暂时的。到后来，除战胜一次申戎外，伐太原戎、条戎和奔戎，都遭到失败。特别是在宣王三十九年（前789）伐姜氏之戎，大败于千亩（山西介休县南），他调去的"南国之师"全军覆没。这表明周朝的实力已趋于空虚。

秦国崛起

前770年，秦庄公的儿子秦襄公因护送周平王东迁洛邑有功，被平王封为诸侯，并将岐山（今陕西岐山县东北）以西之地赐秦，秦国迅速崛起。

秦是古代嬴姓部族中的一支，祭祀少皞。嬴姓祖先大费，传说是女脩吞玄鸟卵而生，曾辅佐禹治水。商代末年，嬴姓有叫中潏的一支住在西戎之地，其子蜚廉、孙恶来均辅佐商王纣。西周中期，中潏的后代大骆居西犬丘（今甘肃天水西南、礼县东北），生了两个儿子：成与非子。成为嫡子，继承大骆，住在西犬丘。非子为周孝王养马有功，被孝王封于"汧渭之会"（汧、渭二水交会处）的秦（一说在今甘肃清水一带，一说在今陕西宝鸡县境内），从此非子这一支就以秦为氏。周厉王时，西戎攻灭西犬丘的大骆之族。周宣王即位，派非子的曾孙秦仲为大夫讨伐西戎，结果秦仲战死。秦仲的儿子秦庄公后来攻破西戎，收复西犬丘后定居这里。这是秦建国的开端。

春秋早期，东周迁出今陕西境内后，秦致力于伐戎，收复周故地。前766年，秦襄公伐戎至岐身亡，其子秦文公继位。前762年，秦文公收复汧水、渭水交会处的秦故地，又迁都于此。

秦领土是西周的故土，秦在很

战国石鼓。石形如鼓，共有10石，文字内容为记述游猎的10首诗。图为《銮车》，是其中一块。这是战国现存最早的一组石刻。

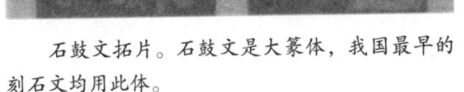

石鼓文拓片。石鼓文是大篆体，我国最早的刻石文均用此体。 　　石鼓文拓片

多方面继承了正统文化，并且在春秋时代文明兴起的浪潮中走在前列。

在军事上，秦积极拓展领地。秦的疆域最初主要在今甘肃东南和陕西西部的渭水流域，后逐渐并灭今陕、甘境内的西戎各部，沿渭水东进，逾黄河和崤函之塞，进攻三晋；逾今陕西商洛地区进攻楚；逾今陕西汉中地区，进入巴蜀，并从巴蜀进攻楚。

前753年，秦开始有史记事，民众亦开始接受教育。前746年，秦法律开始有父、母、妻三族之罪。我国现存最早的刻石文字石鼓文，歌咏了秦国君游猎、战争的情况。

从此，秦由僻居于西部一隅之地的小国，一跃而成为与中原诸国匹敌的诸侯。

齐桓公即位

周庄王十一年（前686年）公孙无知杀齐襄公登基。但公孙无知立即遭到国人的强烈反对，被视为弑君篡位的叛臣。前685年春天，公孙无知赴葵丘（今山东临淄西）游猎被葵丘大夫雍廪袭杀身亡。

因齐襄公暴虐而逃奔在外的襄公诸弟，纷纷准备返齐继位。公子纠因其母为鲁女而逃奔在鲁，由管仲、召忽为其辅佐。公子小白逃奔在莒国，由鲍叔牙为其辅佐。公子小白之母是卫国之女，有宠于齐僖公。公子小白和齐国大夫高傒相友善，公孙无知被雍林人杀死时，齐国显贵高氏和国氏就商量，把公子小白秘密从莒国召回。鲁国听到公孙无知死讯，发兵送公子纠返齐，并派管仲率领部队在从莒赴齐的路上阻挡公子小白。管仲引箭射小白，射中其带钩，小白佯装身亡，倒在车中。管仲误以为小白已死，便派人驱车将消息飞报鲁国，公子纠信以为真以为可以高枕无忧，便慢慢赶路，六天后才到齐国。此时，公子小白早已到齐。因有高氏、国氏为内应，所以顺利继承君位，是为齐桓公。管仲与公子纠逃往鲁国。

周王室东迁以后，政治权力迅速转移到诸侯国，宗法制度和神权统治也已崩溃。所谓春秋五霸开始一一登上了历史舞台，政治结构上的这一重要变化促使各

齐侯盂

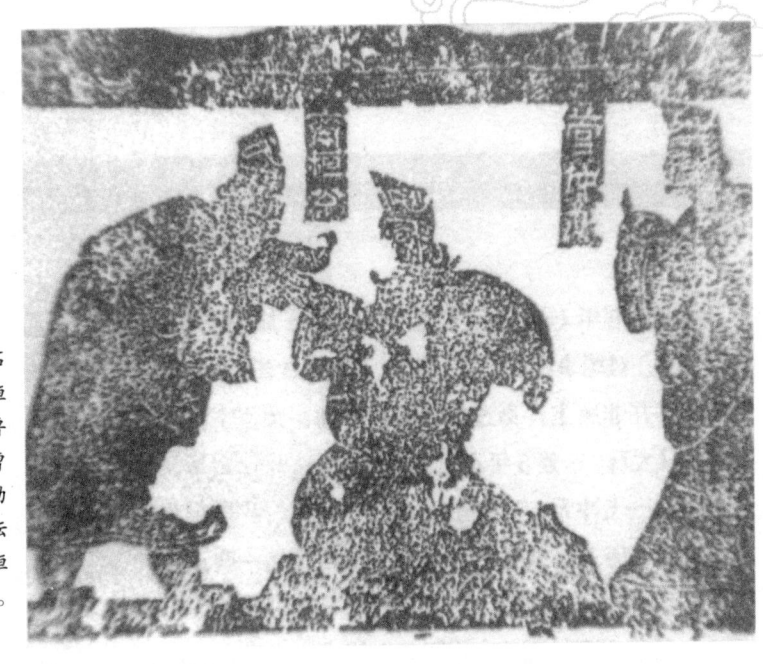

汉墓石刻曹沫劫桓公图。齐鲁会盟时,曹沫以匕首劫持桓公于坛上,逼使桓公还鲁侵地。

诸侯国发展起各具风格的政治、经济、军事格局和多元化的文化样式,从而为以后战国秦汉文明各方面的演进奠定了基础。齐桓公即位后,建立起齐国的霸权,引起政治、经济、文化上一系列改革,是中国历史发展的一个重要里程碑。

楚庄王一鸣惊人

周顷王五年（前614年）楚穆王死，其子旅继位，是为楚庄王。楚庄王即位的头几年，对国事不闻不问，日夜于宫中饮酒嬉戏，并下令：有敢谏劝者斩。但他其实并非庸主，不过是在待机而动。大臣申无宇讽喻他说："楚国的山上有一只大鸟，一连3年不飞不叫，这是一只什么鸟呢？"楚庄王回答说："三年不飞，一飞冲天，三年不鸣，一鸣惊人。我懂得你的意思了。"其后大臣苏从又谏。庄王眼见有不少人支持他，于是一改过去的做法，罢歌舞，亲政事，任用贤臣伍举、苏从，诛杀奸佞，选拔良才，国人大悦。周匡王二年（前611年），楚庄王开始听政。周匡王五年（前608年），楚庄王亲率大军伐陈、宋，与晋师战于北林（今河南新郑），虏晋大夫解扬，晋师败还。随后，楚庄王灭舒、伐陈、破郑、败晋，成了霸业。

楚庄王围宋·华元解围

周定王十二年（前595年），楚庄王派申丹出使齐国，途中必须经过宋国，庄王却又不许申丹按照当时的惯例向宋国借道。申丹说："郑国人固执死板，倘不借道，我很可能会被他们杀死。"庄王说："如果如此，我一定会替你报仇。"

申丹至宋，果为宋人所杀。庄王闻讯大怒，投袂而起，亲率大军伐宋。九月，楚师围宋都城。宋使人至晋求救，晋人邲战之余悸未消，不愿发兵救宋，却派大夫解扬去告诉宋人不要投降，诡称晋之大军将至。解扬经过郑国赴宋，被郑人抓住献给了楚庄王。楚庄王厚待解扬，让他劝宋人投降。解扬假意答应，但在登上观察敌情的巢车与城上的宋人对话时，却告诉宋人晋国即将尽起大军前来援助。庄王以解扬背信而欲杀之，解扬说："我完成了国君交给我的命令，这才是真正的守信。"庄王于是释放了他。

楚军长期围城，从前一年九月直至周定王十三年（前594年）五月，并在城外盖房种地，做出打算长期围困的样子。宋人害怕起来，执政华元亲自于夜间偷入楚营，把楚军主将子反从床上拉起来对他说："我国已粮尽援绝，燃骨为炊，易子而食。但我们宁愿与国俱亡，也不愿订城下之盟。如果你们肯退兵30里，我们就唯命是从。"子反害怕华元用强，不得不答应华元的要求，并与他私下订立了退兵的盟约。第二天，子反将此事报告庄王，庄王命楚军后退30里，宋国遂与楚国结盟。

此役，楚师围宋都长达9月之久，是春秋时期围城时间最长的一次。

鄢陵大战

周简王十一年（前575年）春，郑国叛晋附楚。夏，晋厉公怒，栾书认为不可使晋国失去在诸侯的霸主地位，必须攻打郑国，于是发兵，厉公亲身率军。郑闻晋军前来讨伐，便派人求救于楚。楚共王率军救郑。五月，晋军渡过黄河，晋、楚两军遇于鄢陵（今河南鄢陵县北）。楚军在早晨逼近晋军，摆开阵势，晋国军吏有些担心。这时，从楚奔晋的苗贲皇也把楚军情况报告给晋厉公，让晋厉公命令晋军把精兵分开去攻击楚的左、右军，然后三军联合进攻楚中军王卒。晋楚两军交战时，晋国吕锜射中楚共王眼睛。楚军被困在险阻之地，公子筏也被晋俘获。战斗自晨至暮，楚将子反命令军吏观察伤情，修理武器，准备再战。楚共王找子反议事，子反醉而不能见，楚共王趁黑夜逃走。楚军退到瑕地时，子反自杀，楚军败归。作战之日，齐国国佐高无咎才到军中，卫献公才从卫国出发，鲁成公才离开坏隤（今山东曲阜境），他们对鄢陵之战都持观望态度。鄢陵之捷，使晋厉公扬威于诸侯，欲霸天下。

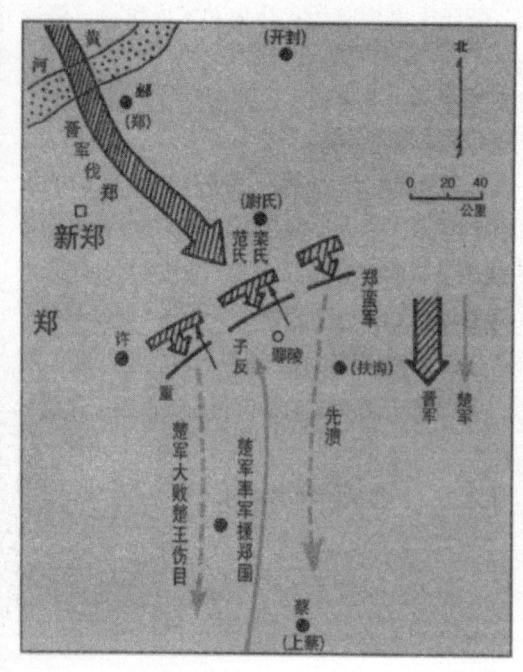

鄢陵之战作战经过示意图

老子著书出关·《道德经》代表中国纯粹哲学

据传春秋战国之际，我国古代著名哲学家、道家学派创始人老子著写《老子》，阐述他的哲学思想。

老子，姓李名耳，字聃，楚国苦县（今河南鹿邑）厉乡曲仁里人，曾任东周王朝守藏史，掌管图书典籍。相传孔子曾向他问过"礼"，他则给孔子讲述许多深奥的道理。他一生修行道德，晚年才"著书言道德之意"。是为《老子》，又名《道德经》，全书分上下篇，共81章，计5000余言。在《道德经》一书中，老子以"道"为核心，创立了他的哲学体系，包括世界本原说、朴素辩证法及认识论等等。

"道"是老子哲学体系的核心，他认为"道"先于世界万物存在并且是产生世界万物的神秘本原，"有物混成，先天地生"、"吾不知其名，字之曰

老子授经图。春秋时期的思想家老子，后来被道教徒神化，奉为教主，在中华大地的多元神系中，占有重要的一席。本图绘出了老子在松树下坐在榻上授经的场面。仙风道骨的老子，颇具"天尊"的气度。

'道'"就是说在天地形成之前就有一个浑然一体的东西存在。在老子看来,"道"是一个神秘的、不可感知的精神性实体,并且由"道"可生出万物世界。"道生一,一生二,二生万物"(《老子》第四十二章),可以说由"道"化生出元气,由元气产生阴阳二气,再由阴阳二气和合而产生天地万物,老子以"道"为万物本原的学说,结束了传统的上帝鬼神的传统,提高了哲学思辨的高度。

以"道"为基础,老子又提出他的朴素辩证法思想,他认为无论自然界还是人类社会,无时无刻不在运动变化之中,并在这运动变化之中概括出一系列相互矛盾的范畴,如有无、福祸、美恶等。并指出每一矛盾范畴的两个对立面是相互依存和相互转化的,"天下皆知美之为美,斯恶已。"就是说,当天下人都知道美之所以为美的时候,也就知道了丑的含义了。在承认矛盾双方互为存在条件的前提下,老子还认为对立面双方并非一成不变的,而是无不向其反方面转化,提出"反者道之动"的朴素辩法思想,作为事物矛盾转化的普遍法则。"祸兮,福之所倚;福兮,祸之所伏"。

在认识论方面,老子否认人的知识来自于感觉经验,他认为体认"道",完全不需感性认识,只需要"虚静"、"玄鉴"的认识方法,即可达到"闻道"的目的。"虚静"、"玄鉴"即要求人们内心虚静,不持任何成见,也不受任何外界干扰,以达到心灵虚静的状态。以这为基础,他反对启迪民众智力,要人们"绝圣弃智"、"绝学无忧",公开主张实行愚民政策,以维护统治阶级的统治。

老子除了将"道"作为世界万物的本原

老子骑牛图,北宋晁补之绘。道家创始人老子倡导的恬淡虚无、清净无为、抱朴归真的人生观倍受后人推崇,成为后世养生学的基本准则。

外，还将其作为万物的归宿。万物从"道"而生，最后又复归于"道"，"夫物芸芸，各复归其根。归根曰静，是谓复命。"这一思想反映到社会历史观方面，老子认为人类应重返纯朴的自然状态，从而形成了他所谓"小国寡民"的乌托邦思想。

老子的哲学思想，到后来基本上发展为两个方向。一是庄子将老子的世界观发展成为虚无主义；另一就是将"道"解释为规律，以"道"为礼、法的思想依据，形成了法家学派。此外，老子的思想对后来道教哲学也有很大的影响，被奉为道教"教主"。

老子的本体论是体系的，而且惊人的清晰。它把道确定为世界的本体，它是无差异的、不可以以人的感觉和知性把握的先天存在，它生成万物，生成的方式是差异化和递归，物之所以存在是因为它被生成，其所以生成的过程和方式就是德。老子花了大量篇幅谈道的无限、无差异和非知识，并谈及它与世界的生成关系（这种关系引起了混乱，似乎它才是道，是生成，而本体是"自然"，道法自然，老子的"道"在这里不是很清楚）。

老子的哲学是完整体系，道无结构无组合，它以差异、递归、德育产生出万物。道是真正的纯粹（而非实践、社会）哲学，他的行为哲学也完全从关于道（理）的理论中引出，因而他是中国真正唯理主义的先驱与代表。

老子的认识论、社会哲学和行为哲学由此派生，并偏激地向无差异、无为的道回归而放弃另一方，这完全起源于他本人对他的时代的认识和个人道德倾向，对后世产生了很大的、一般说来是消极的影响。

吴王破楚入郢

前506年，吴军攻破楚都郢，吴国声威大震，成霸业。

吴楚之间的战争连绵不断，直到吴王僚时期，双方仍是各有胜负。阖闾夺取吴国王位之后，采用伍子胥的计谋，分兵数支，频频出击以调动楚军，楚军四处奔波，疲惫不堪，渐处守势，吴军夺取楚国许多城池。在这样困难的局面下，楚国执政令尹子常却贪鄙残暴，为了索求贿赂而先后扣留了唐、蔡两国的国君，招致两国极大的怨恨。

阖闾九年（前506年）冬天，吴王征求伍子胥、孙武的意见，伍、孙二人认为楚将子常贪婪，招怨唐、蔡两国，吴与唐、蔡联合出兵定可胜楚。吴王阖闾便亲率吴国大军，以唐、蔡军队为先导。吴军乘船抵蔡，在淮汭登陆，在豫章一带与楚军隔汉水而对峙。楚左司马沈尹戌向子常献计：包抄吴军后路，毁掉吴军舟船，前后夹击吴军。子常生怕沈尹戌立了大功，故意不采纳他的计策，自己率领楚军主力抢先渡过汉水，与吴军交战，接连三次败北。吴、楚双方又于柏举（今湖北麻城东北）列阵而对。阖闾之弟夫概分析战场

少虡剑，春秋后期兵器。长锷，宽格，圆茎，喇叭形首。格饰窃曲纹，首饰同心圆纹。剑身中部平脊微凹，两面有嵌金铭文共二十字，记作剑日期及剑名。

形势，认为"子常不仁不义，下属官兵缺乏斗志，只要首先进攻，然后大军跟进，楚军必败无疑"，未得军令的夫概带领部下 5000 士兵突袭楚军，楚军溃退，吴王率领大军长途追击，在清发水（今湖北安陆县）追上楚军，趁楚军渡河至水中央时，猛烈进攻，大获全胜。楚军残部继续逃跑，在雍澨（今湖北京山）又被吴军追杀。吴军五战五捷，抵达楚都郢。十一月二十七日，楚昭王携其妹逃出郢，吴军于次日入郢。伍子胥掘楚平王墓，鞭尸三百以泄旧愤。

孔子归鲁·开始著述

鲁哀公十一年（前484年），应鲁大夫季康之召，孔子返回鲁国。此时，距离孔子率弟子出外游历宋、卫、陈、楚、蔡等国已14年之久。孔子虽满怀改良时政、复兴周礼的政治抱负，然而终不见用。

孔子初归鲁时，鲁哀公、季康曾先后问政于孔子，但终究没有重新启用。孔子眼见自己的政治理想无以施展，于是转而致力于讲学与著述，以求得自己的理想、思想、学识流播于后世。

《春秋》是鲁国历代史官世袭相承集体编录，记载了从鲁隐公元年至鲁哀公十四年（前722年—前481年）共242年的历史大事。孔子及其门人从维护周礼的准则出发，重新修订《春秋》。因而，当时吴、楚之君皆自称为王，《春秋》贬之为"子"。践土之会实召周天子，而《春秋》讳之为"天王狩于河阳"。欲以此来规范诸侯各国，拨乱反正，所谓《春秋》行而乱臣贼子惧。

孔子有感于当时周室衰微，礼乐皆废。说"为国以礼"，又说"不学礼，无以立"。"礼"指周礼，包括奴隶制的条法等级世袭制度、道德标准和仪节。孔子又强调"礼"必须以"仁"的思想感情为基础，"仁"与"礼"要相辅相成。

孔子又相当重视"乐"

孔子讲学图

的陶冶情感作用，乐指音乐，因"诗"为歌词，合而言之，"乐"也包涵诗。孔子主张"礼"以修外，"乐"以修内。以为"安上治民，莫善于礼；移风易俗，莫善于乐"（《孝经·广要道》）。

孔子不仕修诗书图，[明]《圣迹图》。

从西周开始至春秋中期，传下古诗3000篇，孔子去其重复，取可施于礼义者，删定为305篇，并分为"风"、"雅"、"颂"三类，即流传下来的《诗经》。孔子说"诗"的作用有四：激发道德情感；观察风俗盛衰；增进相互情谊；批评政治得失。

与此同时，孔子开办私学，弟子先后达3000多人，身通六艺者70余人。

孔子的教育目的是造就改良政治需要的"贤才"。"贤才"即"君子"，"君子"首先必须是道德完善的人，能以身作则，"修己以安百姓"。因"为政以德"（《为政》），法治具有强制性，只能约束人们的外部行为，德治才具有感化力，才能影响人们的心灵，所谓"其身正，不令而行；其身不正，虽令不从"（《子路》）。

在教育方法上，孔子注意个性差异，根据不同的个性特点进行教学，因材施教，循序渐进，启发诱导，调动学生学习的主动性与求知欲，引导他们发展道德情感，树立道德信念，追求远大理想。孔子又强调学习与思考、学习与行动相结合。所谓"学而不思则罔，思而不学则殆"（《为政》），"听其言，观其行"。

孔子早年热衷于仕途，但限于历史条件，其政治抱负不为世人理解，在经历周游列国的磨难后，专力于著述和教学，编定五经，奠定了儒家基础，而儒家成为汉代以后的文化主流。

《春秋》纪事结束·战国时代开始

《春秋》为我国最早一部编年史著作，其记事上起鲁隐公元年（前722年），下迄鲁哀公十六年。其中鲁哀公十四年（前481年）以前据传为孔丘据鲁史改编而成，以后两年为其门人续作。《春秋》以鲁十二君（隐、桓、庄、闵、僖、文、宣、成、襄、昭、定、哀）纪年，共记244年史事。

进入战国时代之后，中国文明在行为、生活方式、科学与艺术形象上更加丰满、深刻，也具有更多的联系性。

表现在政治上，在这一时期中，战国七国确定了形象，战争主要以联盟，而不是以个体的方式进行，各地域人民的性格开始定型，它们的分化组合构成主要的政治格局。

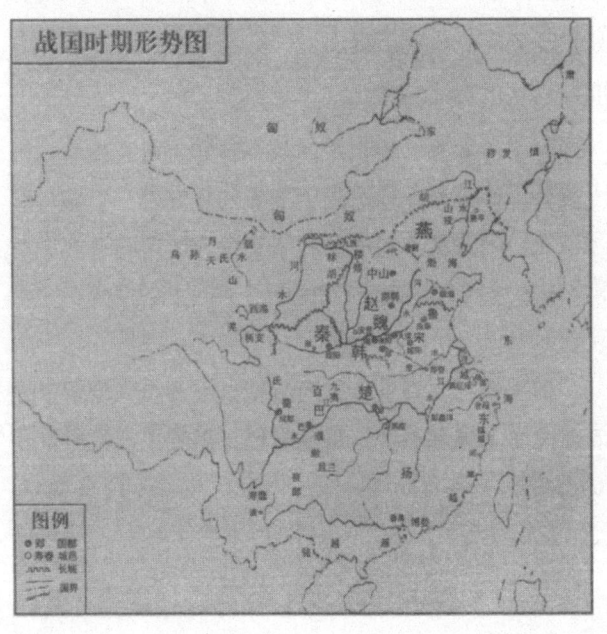

战国时期形势图

三家分晋一般被作为战国文明进入战国时代的标志，这是战国文明前期最后一次重要分化，在这以后就只有兼并了。春秋战国时代的兼并形成了战国后期七个主要国家并立的局面。它们之间的战争和联盟是中国在那个时代的主要内容。

春秋以来的个体化

发展使得七国人发展出了各自不同的性格。秦人具有边远游牧民族朴实、坚强、重实利的性格，他们的耕战使得他们力量最为强大。另一方面，他们却是最正统的中国人，他们的文字风格继承了西周的标准字体，他们的石鼓文保持了周代诗歌的风色。他们具有实干精神、坚毅品格，但文明创造力的缺乏是突出的。

楚人带有一些边远民族的特色，但更多的是诡异、华丽和神秘的南方色彩，楚国人的绘画、神秘宗教以及楚国的诗歌都是如此。中国的神话、占星和巫术主要来源于楚和南方各民族。但那时的楚人和晋东渡以后的江南人的柔媚毫无关系，他们多的是壮烈、奇谲的色彩。

齐鲁由古代文化中心变为一个没落的小国，有一股破落户的味道，与伯罗奔尼撒战争后的雅典近似，教养高而意志消沉，它培养了稷下学派。

燕赵自古多壮士，但它的壮士是古典的、英雄主义的，根本无法抵挡军国主义的和高度组织化的平庸的秦国士兵，正像浪漫主义悲剧英雄项羽不能战胜精明的政客刘邦。潇潇易水河畔的悲歌只能使后人徒然叹息。

中原各国在很多方面继承了东周的遗产，有一种中央意识，但也更多的是机会主义，在夹缝中左支右绌。

战国时代的政治仍是各国之间的征战，但出现了联合的明显趋势。合纵、连横就是其中的显著代表，联盟作战有了比春秋松散联盟更重要的意义，并最终走向统一。

战国时代的个人人格的发展也是更为丰满的，战国军事家、政治家、说士纵横于政治舞台上，商鞅、伍员、子路、屈原、聂政、荆柯、项羽、田横……都用自己的人格发展为我们展示了人的生命。

李悝改革

前445年，魏文侯即位后，魏国已建成中央集权的封建国家。魏文侯威望颇高，他礼贤下士，任人唯贤，各地的志士能人争相往归，魏文侯均委以重任，充分发挥其才智。他依靠群贤，从经济到政治、军事进行全面改革。魏文侯四十年（前406年），魏文侯任用李悝在经济上实行"尽地力之教"和"平籴法"，在政治上采取了一套有利于新兴地主阶级利益的政策和措施。他实行"食有劳而禄有功"等办法，打击国内残存的旧势力，为新兴封建阶级的发展扫除障碍。

"尽地力之教"是李悝经济改革的主要内容之一，目的是破除旧有的阡陌封疆，鼓励自由开辟耕地，勤谨耕作，以增加生产，培殖封建的小农经济。具体做法是，规定农民必须同时播种种稷（小米）、黍（黍子）、麦、菽（大豆）、麻五种作物，以防播种单一作物，一旦遇到灾害时无法

战国前期蛙蛇形马饰。马饰件。由一小蛙和一双蛇捕蛙形象构成一组饰件。这种造型也见于广西青铜器，可见为当时南北方各少数民族喜爱的一种主题图案。

补救，促使农民努力来耕作。在住宅四周，要种植桑树，以供养蚕。菜园里要多种蔬菜，田地之间的埂上也要利用空隙来种植瓜果。总之是要充分利用空闲的土地，扩大农副业生产。李悝在经济改革中的另一项重要措施是实行"平籴法"。他认为，粮价太贱，农民入不敷出，生活困，国家就要贫穷；粮价太贵，城邑居民担不起，生活困难，就要流徙他乡。因此，粮价无论太贵太贱，都不利于巩固封建统治。为此他制定了调节粮价的"平籴法"，把好年成分为上中下三等，坏年成也分成上中下三等，好年成由官府按好年成的等级出钱籴进一定数量的余粮，到了坏年成，再由官府按坏年成的等级平价粜出一定数量的存粮。此即后世封建王朝的"均输"、"常平仓"等法的先河。平籴法"取有余而补不足"、"使民适足，价平而止"，"虽遇饥馑水旱，籴不贵而民不散"。同时在很大程度上限制商人的粮食投机活动，制止了粮价的暴涨暴跌，在一定程度上还可以防止农民破产和贫民流亡。"平籴法"的实行，进一步巩固了地主经济，使魏国国富兵强。

李悝在经济上推行"尽地力之教"和"平籴法"，在政治上则推行"食有劳而禄有功"和"夺淫民之禄以来四方之士"的政策。它废除旧的世卿世禄制，改为按功劳大小和对国家贡献多寡，分别授予职位和新的爵禄。对那些无功于国而靠父祖爵禄享受特权者，以及身着华丽服装，出门乘着车马，回到宫中又沉浸在舞乐之中，不以为耻，反以为荣的"淫民"，则加以取缔，用剥夺来的爵禄去招徕四方之士，从而为魏国的繁荣强盛创造了条件。军事上，他创立了常备"武卒"制度，使国家始终保持强大的军事力量。

李悝在全面改革的同时，还在广泛收集春秋末期以来各国法律条文的基础上，编著了我国历史上第一部系统的封建法典《法经》，用法律形式把封建地主阶级的利益确定下来。《法经》原文早已亡佚，其主要内容有《盗法》、《贼法》、《囚法》、《捕法》、《杂法》、《具法》等六部分。前四篇是对"盗"、"贼"进行关押拘捕的办法。"盗"杀人者要处以死刑，盗者全家及妻家之人都要籍为奴隶。对于"大盗"，轻者充军到边防戍守，重者处以死刑。《杂法》包括惩罚"轻狡、越城、博戏、借假、不廉、淫侈、逾制"等六种违法行为。"轻狡"是指轻狂的犯法行为,"越城"是指偷越城墙,"博戏"是指赌博,"借假"是指欺诈行为,"不廉"是指贪污贿赂,"淫侈"是指荒淫奢侈的行为,"逾制"是指应用器物超过了本人的身份。《具法》是根据具体情况加重或减轻刑罚的规定。对为非作歹的官员也有相应的处置条例,如官吏贪污受贿,丞相以下罪重者要杀头,太子赌博要受笞刑或废立。《法经》出现后,魏国一直沿用,后由商鞅带往秦国,秦律即从《法经》脱胎而成,汉律又承袭秦律,故《法经》在中国古代法律史上有非常重要的地位。李悝的改革不但使魏国很快富强起来,而且在中国历史上具有重大的意义。春秋时代,各诸侯国政治、经济、文化等的改革都是针对具体对象的行为,带有浓厚的过渡性,而从李悝开始,战国时代政治、法律、经济、军事、文化的革新逐渐步入更深入、更普遍的层面,即整个社会结构和制度的变动。从此,中国文明进入更广泛、更深刻和更抽象的高度。

田氏代齐

经长期发展，田氏终于代姜氏据有齐国。

田氏本是郑国贵族。春秋初年郑国内乱，公子完逃往齐国，被齐桓公任命为"工正"。公子完的后代就是齐国的田氏。齐景公时，田桓子采取各种手段笼络民心，使齐国的大量民众逃往田氏门下。周敬王三十一年（前489年），田桓子的儿子田乞（田僖子）发兵驱逐齐国旧贵族高氏和国氏，由田氏控制了齐的军政大权。齐简公时，田乞的儿子田常与监止任左右相，监止得简公宠信，谋杀田常。在民众支持下，田常以武力取胜。田常（田成子）继续采取小斗进、大斗出的办法，争取民众支持，民间流传着"妪乎采芑，归乎田成子"的歌谣，说明了齐国民心向着田氏。周敬王三十九年（前481年），田成子将出逃的齐简公和监止捉回杀死，将鲍氏、晏氏以及有势力的公族一一诛除。周安王十一年（前391年），田成子曾孙田和将齐康公迁于海上，使食一城，以奉其祀，田和遂有齐国。周安王十五年（前387年），田和与魏武侯、楚人、卫人会于浊泽（今河南白沙水库东），求为诸侯，魏武侯

战国铁胄。甲胄是疆场自我保障手段之一。在冷兵器时代，甲胄的作用明显。甲胄的制造与使用，与生产、战争艺术的发展有密切关系。

派使臣言于周安王和诸侯，转达田和的请求，周安王许之。第二年，田和正式立为齐侯，列于周室并改元。

齐侯太公田和死后，其子午继位为齐桓公。周安王二十三年（前381年），齐康公贷死，姜齐亡，其奉邑皆入于田氏，至此，田氏代齐才算最终彻底完成。

战国镶嵌云镜。照容用具。齐国故城出土。

商鞅变法

商鞅深得孝公赏识。于周显王十年（前359年），说秦孝公变法。孝公赞成，但恐天下非议。商鞅认为疑则无功，有高行者必见非于世，成大功者不谋于众。甘龙、杜挚以为

商鞅方升。量器。斗为长方形，直壁，后有长方形柄。方升外侧有铭文三十二字，记秦孝公十八年（前344年），齐国率领卿大夫来秦访问，是年冬，大良造鞅乃积算以十六寸五分之一寸为一升。

法古无过，循礼无邪，变法不便。商鞅反驳道：治理社会的方法很多，只要于国家有利，不一定效法古人。所以汤、武不泥古而称王，夏、殷固步自封而灭亡，违背古者无可厚非，而拘泥古者不能太多。孝公深服，遂于周显王十三年任命商鞅为左庶长，开始进行变法。

商鞅针对过去贵族"有罪可以得免，无功可以得尊显"的旧制，规定国君的亲属（宗室）无军功者不得列入宗室属籍，从而废除了世卿世禄制度。凡人民立军功者，均按功劳大小赏赐封爵。凡在战争中杀敌甲士一人，并取得其首级者，赐爵一级、田一顷、宅九亩；得一甲首者，若为官者可当五十石俸禄之官，得二甲首者可为百石之官；斩敌一甲首者，可以使一人（或一家）为自己的农奴，除庶子一人。得敌五甲首者，可以使用奴隶五

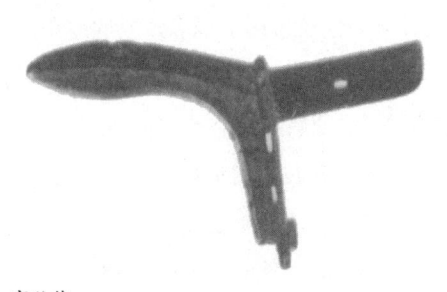

商鞅戟

商鞅方升铭文。升的底部刻有秦始皇二十六年统一全国度量的诏书四十字。从方升铭文记载可知此为商鞅统一秦国度量所规定的一升容积的标准量具,说明秦始皇是以商鞅之制作为统一全国度量制度的标准。

家。商鞅对秦的爵制也进行了改革,重新规定秦爵为二十级,凡在战争中斩得敌首一个,即可赏爵一级,要做官的可以赐给五十石俸禄的官。斩得敌首两个以上者可以类推。于是,提升官爵就和立军功紧密结合,无军功者,虽富也不能尊荣。商鞅还在秦国进一步实行户籍制和连坐法。早在秦献公时,秦国就用军事组织形式将人民编制起来,并登记在户籍上。但这个制度贯彻得不彻底,又因旧贵族反对而遭到破坏。商鞅公布的"令民为什伍"的法令比秦献公时更为严密,规定:凡境内居民,无论男女老少都要进行户籍登记,以五家为"伍",十家为"什","伍"、"什"之间要互相监督,如果其中一家犯法,邻家不去官府告发,则十家同罪连坐;不检举告发奸人的,处以腰斩;告发者可与斩得敌首者同样奖赏;如果隐匿坏人而不去告发,那么就要受到同"奸人"一样的处罚;留宿客舍者均须有官府的凭证,如果旅店收留没有官府凭证的人住宿,店主当与客人同罪连坐。商鞅还主张对轻罪用重刑,认为这样可以迫使人民连轻罪也不敢犯,这叫"以刑去刑"。他还采用了很多残酷的刑罚,如死刑除腰斩、枭首、车裂等外,又增加了凿颠、抽肋、镬烹等刑罚。秦国地广人稀,荒地较多。为促进农业生产的发展,商鞅还颁布了奖励耕织、垦荒的法令,规定:凡努力从事农业生产,能使粮食和布帛增加产量者,可以免除本人的劳役和赋税;凡不安心务农而从事工商业或游手好闲而贫穷者,要全家没入官府罚做官奴。此外,商鞅还招引韩、赵、魏的无地农民到秦国来垦荒,分给他们土地和住宅,免除其兵役和三世的劳役，使之安心务农，为秦国生产粮食。商鞅还鼓励个体小农经济的发展，规定凡一家有两个儿子以上者，儿子到了成年人年龄时必须分家，各自独立门户，否则要出双倍的赋税。为了顺利推行变法，打击儒家等复古思想，他断然采取"燔《诗》、《书》而明法令"的措施，把《诗》、《书》等文献焚毁。同时下令禁止私门请托，禁止游说求官的行动。

此法初行，秦民苦不堪言。三年后，百姓感觉生活方便。行十年，秦民大悦，道不拾遗，山无盗贼，家给人足，人民勇于公战，怯于私斗，乡邑大治，孝公十二年（前350年），在咸阳（在今陕西咸阳市东北）筑冀阙，徙都咸阳。商鞅革除游牧民族遗风，严禁民父子兄弟同室而居，归并小乡邑为四十一县，置令、丞，废井田，开阡陌疆界，定赋税法。统一斗、桶、权、衡、丈、尺规格。五年后，变法见效，秦富强，天子致胙，诸侯来贺。商鞅变法，为秦国最终统一六国奠定了基础。

魏齐马陵之战

周显王二十七年（前342年），韩魏长期交战，双方均已精疲力尽。齐威王决定以田忌、田婴为将，孙膑为军师，起兵伐魏救韩。魏惠王则派太子申、庞涓为将，率领十万大军前来迎战，孙膑调虎离山，直向魏都大梁进军。魏国主将庞涓闻讯后，立即把军队从韩国撤回，此时齐军已进入魏国国境。孙膑认为魏国军队一向强悍勇敢，轻视齐国，他建议田忌利用敌人的骄傲，采用减灶之计，诱敌上当。田忌赞同孙膑的分析，并决定采用他的策略，与魏决一死战。庞涓率军撤回魏国，并加速追赶齐军。当追到齐军第一天扎营之地时，发现齐军营寨占地很大，从齐军做饭的炉灶数推测，齐军人数约有十万左右。当追到齐军第二天扎营之地时，发现营地已缩小，炉灶也减少，推算齐军已由十万减少至五万人左右。当他追到齐军第三天扎营之地时，发现营地更加缩小，炉灶也大为减少，估计此时齐军只剩三万人左右。庞涓大为高兴，断言齐军胆小，不敢战斗，进入魏境不过三天，士兵就已减少一半以上。于是他舍弃一部分军队，亲自率领精锐之师加紧追击。魏军日夜兼程，一直追到马陵（今山东范县西北）。此地两旁地势险要，中间道路狭窄。孙膑在此早已设伏。庞涓率军进入马陵道时，正值傍晚时分，他隐隐约约看见路旁大树之下有一木牌，便命士兵点燃火把，只见木牌上面写着"庞涓死于此树之下"，他大惊，知道中孙膑之计，连忙率军撤退。但埋伏在两旁的齐军已万箭齐发。魏军猝不及防，人慌马乱，顿时被齐军击散。庞涓见寡不敌众，失败已成定局，拔剑自刎。齐军乘胜追击，将魏军彻底打垮，并俘虏魏太子申，魏军遭到前所未有的惨败。

马陵之战是中国军事史上杰出战役之一，是《孙膑兵法》中的代表作。

赵国修筑长城

赵肃侯是一位热心于营造的国君，他在位的中期即修建寿陵。前333年，他在位第17年，赵军围攻魏的黄（今河南内黄西北邑），不克，遂在今漳水、滏水（今滏阳河）之间修筑长城。据推测，赵肃侯可能是利用漳水、滏水的堤防连接扩建而修筑长城的。从

赵国长城遗迹

当时列国形势来看，赵国的这条长城大体上是从今河北武安西南起，东南行，沿着漳水到今磁县西南，再折而走向东北，沿着漳水到达今肥乡以南的地区。这条长城称为赵国的南长城。此后，在赵武灵王时期，为了防备东胡、匈奴、林胡、楼烦等的侵扰，赵国还修筑有北长城。这些长城的修筑对于赵国的巩固产生了积极作用，并且成为后来北方长城的主干。

燕国长城遗迹

屈原联齐

屈原因遭受谗害，被免去官职，逐出楚都郢（今湖北江陵），到楚怀王后期，才得以回国，但未受重用。由于张仪的破坏，楚齐联盟破裂，楚国在与秦国作战中，连遭败绩。齐国攻魏，也被秦魏联军打败。形势所迫，楚国试图恢复与齐国的联盟，楚怀王十八年（前311年），楚派屈原出使齐国。与此同时，秦相张仪再次赴楚，楚怀王决心囚而杀之，而狡猾的张仪借助靳尚、郑袖的巧言令色，使楚怀王改变主意，释放张仪，并准备再度与秦亲善，结为连横。屈原出使齐国归来，听说此事，极力劝阻楚怀王，认为张仪欺骗楚王，现在就应杀他，即使不杀也再不可听信其连横邪说。楚怀王不听屈原之言，决定与秦国结为连横。

战国镶嵌龙凤纹樽。图案化的变形龙凤纹，婉转回环，且又井然有序，表现出楚国错金银工艺繁缛华丽的装饰特色。

九歌图中屈原行吟画像

燕乐毅将五国军伐齐

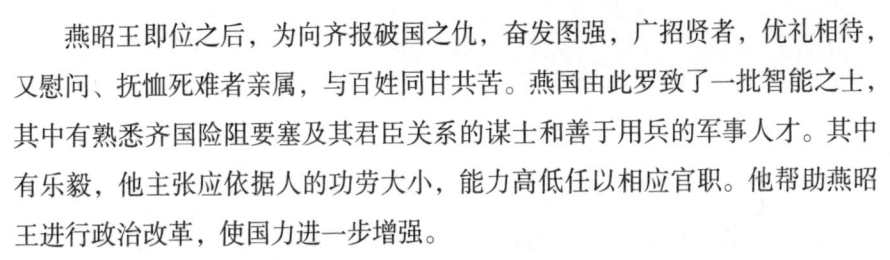

燕昭王即位之后，为向齐报破国之仇，奋发图强，广招贤者，优礼相待，又慰问、抚恤死难者亲属，与百姓同甘共苦。燕国由此罗致了一批智能之士，其中有熟悉齐国险阻要塞及其君臣关系的谋士和善于用兵的军事人才。其中有乐毅，他主张应依据人的功劳大小，能力高低任以相应官职。他帮助燕昭王进行政治改革，使国力进一步增强。

燕昭王二十八年（前284年），国家殷实富足，士卒奋勇勇战，愿为国献身疆场。燕昭王与乐毅商量伐齐复仇之事，乐毅建议燕昭王与赵、楚、魏等国联合伐齐。燕昭王便派使者出使魏、楚，派乐毅出使赵，并亲自到赵国与赵惠文王相会。赵惠文王将相国之印授予乐毅。燕昭王遂任命乐毅为上将军，征发全国军队，与赵、秦、魏、韩等国联合向齐国展开进攻。

其时齐湣王征调全国军队，由向子率领，在济水以西与五国联军交战。由于齐湣王晚年暴虐无道，杀死几位敢于直言进谏的大臣，使得臣民离心，毫无斗志。双方一交战，向子就下令退兵，自己一人率先乘车逃脱，齐军大败。齐将达子召集逃亡的齐军士兵，整顿后继续作战，企图挽回败局，但齐湣王不予援助。达子率军在秦周（今山东临淄西北）与五国联军交锋

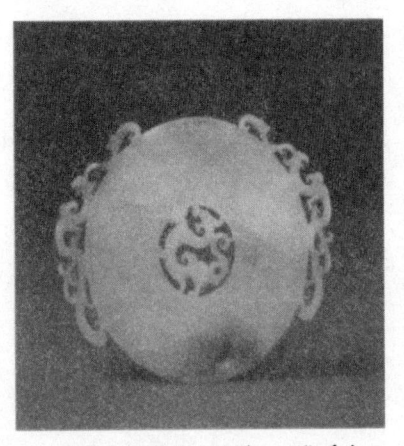

战国白玉龙凤云纹璧。以优质白玉制，局部有紫红色浸蚀。中央镂雕一张口蜷曲的龙（或称螭虎），璧身满饰规则的朵云纹。外缘两侧对称地各镂雕一形式相同而方向相反的凤。两面纹饰相同，雕琢十分精美。

战国碧玉龙形佩。玉料呈青碧色，间有紫色浸蚀。两面形式相同，皆琢成S形的龙，身饰蚕纹。龙腹中部上方有一圆穿。形制古朴生动。

时又被打败，达子战死。

两次战役使齐国主力受到重创，不能再与五国联军交战，只得退守各地城池。乐毅遂遣还秦、韩之军，让魏国进攻原宋国地区，赵国去攻取河间，自己则率领燕军长驱进击，攻打齐都临淄，齐湣王逃走。乐毅攻入临淄后，搜取齐国宝器，全部运回燕国。燕昭王亲自到济水慰劳将士，并将昌国（今山东淄博东南）之地封给乐毅，号昌国君。五国联合伐齐，秦国攻取原被齐国所占的宋国大邑定陶（今山东定陶西），魏国攻取大部分原属宋国的领土，赵国攻取济水以西的大片土地，连鲁国也乘机攻占齐国的徐州（即薛，今山东滕县东南），齐国遭受沉重打击。

同时，楚国担心五国攻破齐后再图谋楚国，遂派淖齿率兵援救齐国。齐国已被五国联军打败，燕军攻入国都临淄（今属山东），齐湣王逃到卫国，后又逃回到莒（今山东莒县）。淖齿率救兵赶到莒，被齐湣王任为相国。淖齿想与燕瓜分齐国，便将齐湣王杀死，乘机收复了以前被宋国夺取的淮河以北地区。

五国联合伐齐，是战国时的一场大战。之后，六国之间的自相残杀愈演愈烈。

吕不韦自杀

秦王政平嫪毐之乱后，相国吕不韦因与嫪毐之事牵连很深，被免去相国，迁往洛阳（今河南洛阳东北）。不韦虽失权位，但宾客使者仍频繁与之来往，为其求情者络绎不绝。秦王政深恐他发动政变，乃赐书责备他，谓吕无功于秦却被封于河南，有十万户的食邑；吕与秦王宗室无亲却号称"仲父"，实在是件大逆不道之事。于是又命吕不韦与其家属迁蜀。

吕不韦像

吕不韦自思难免秦王诛戮，遂服毒酒自杀，其宾客舍人偷偷地将其埋葬于洛阳北芒山。秦王政得知，下令凡参与丧葬事务之人，如果为三晋之人（指韩、赵、魏三国）就逐出秦国；如果是奉禄在六百石以上的秦国官员，夺其官爵，迁于房陵（今湖北房县）。五百石以下，未参与窃葬者，不夺官爵，亦迁房陵。并宣告此后，执掌国事的官员，如果有类似吕不韦、嫪毐这种情况的，满门抄斩。

荆轲刺秦王

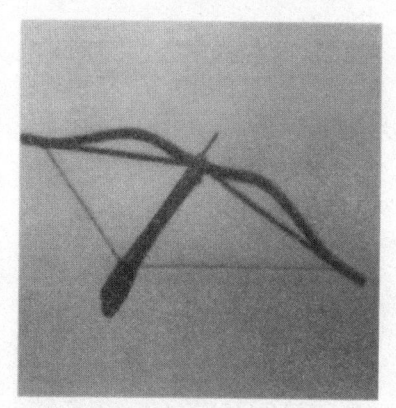

荆轲，卫人，好读书击剑。曾游说卫元君，未被信用；又游历榆次、邯郸，最后来到燕国。荆轲在燕国，与杨屠及高渐离等关系亲密。高渐离擅长击筑，荆轲常与杨屠、高渐离在市井饮酒，酒酣则高渐离击筑，荆轲和乐而歌，又哭又笑，旁若无人。燕之处士田光也待荆轲很好，知他非庸碌之人。

秦朝弩复原图

燕太子丹惧怕秦国灭了燕国，且怨恨秦王政不念友情，傲慢无礼，与鞠武共谋报复秦王之事。鞠武劝太子丹西约三晋，南连齐楚。而太子丹认为这是长久之计，不如找人行刺秦王，鞠武推荐田光，田光说自己已老，不能胜任，于是推荐荆轲，后自刎而死。

太子丹与荆轲纵论天下形势。太子丹认为只能选派天下之勇士出使秦国，最好是生擒秦王，逼迫他交还诸侯所失国土，犹如当年曹沫逼迫齐桓公归还鲁国领土一样；如果不行，就杀秦王，使秦国内外相乱，君臣相疑，诸侯借机合纵，则有望击败秦国。太子丹再三请求荆轲担当这样的重任，荆轲答应了。于是太子丹尊荆轲为上卿，车骑美女无不满足荆轲的欲望。荆轲提出，为使秦王深信不疑，需要秦将樊於期之首和燕国督亢

战国箭镞

（今河北涿县、易县、固安一带）地图奉献秦王。樊於期因率秦军对赵国作战被打败，不敢回秦国，逃奔至燕国，为太子丹宾客。秦王怨恨之极，不仅灭杀他的父母宗族子弟，还悬赏"金千斤，邑万家"，求得樊於期头首。

汉画像石荆轲刺秦王图

太子丹因樊於期穷困时来投奔自己，不忍启齿。荆轲于是私见樊於期，说明借他之首既可解燕国之患，又可替他报私仇，樊於期随即自刎，太子丹伏尸痛哭，然后用木盒封好他的头，交付荆轲，又征求到天下最锐利的匕首，淬上剧毒药，燕王燕二十八年（前227年），燕太子丹派荆轲刺杀秦王。荆轲出发时，太子及宾客都穿白衣戴白帽到易水边为他饯行，高渐离击筑，荆轲慷慨悲壮地唱道："风萧萧兮易水寒，壮士一去不复还！"唱完上车离去，始终没有回头，表示了他义无返顾的决心。到了秦国，买通秦王宠臣中庶子蒙嘉，秦王在咸阳宫召见荆轲，荆轲献地图，展开地图时，卷在里面的匕首露了出来，荆轲左手抓住秦王衣袖，右手持匕首刺去。秦王惊恐万分，扯断衣袖退却，因为剑长惶恐之中未能拔出，绕殿柱而跑，荆轲紧追不舍，群臣惊愕，不知所措。秦王绕柱奔逃，将长剑移至背后，将剑拔出，击刺荆轲，断其左腿。荆轲负伤，便将匕首掷出，未能击中秦王。秦王又击中荆轲八剑，荆轲倚柱而笑，大骂秦王，后被杀。秦始皇统一天下后，高渐离借击筑之机，扑击始皇，也失败被杀。秦始皇因此"终生不再接近诸侯各国的人"。

秦始皇开创帝制

秦始皇二十六年（前221年），秦消灭六国，统一全国，嬴政更改名号，称始皇帝，开创了帝制。

嬴政认为自己德迈三皇，功过五帝，继续称"王"不足以称成功，于是命令臣下议帝号。丞相王绾、御史大夫冯劫、廷尉李斯等人认为："古有天皇，有地皇，有泰皇，泰皇最贵。"因而尊称嬴政为"泰皇"。嬴政不满，于是把"泰"字去掉，取"皇"，采用上古时"帝"位号，称"皇帝"。又下令取消谥法，自称"始皇帝"，后世依次为"二世、三世至于万世，传至无穷"；皇帝自称"朕"，大印称"玺"，命称为"制"，令称为"诏"。

始皇二十六年（前221年），丞相王绾请封诸皇子为燕、齐、楚王，得到群臣的赞同。廷尉李斯力排众议，主张废除分封制，全面推行郡县制度。秦始皇接受了李斯的建议，把全国分成三十六郡，以后又陆续增设至四十余郡。中央集权制度从此确立。

秦始皇以战国时期秦国官制为基础，建成一套适应统一国家需要的新的政府机构，即三公九卿制及郡县制。在这个机构中，中央设丞相、太尉、御史大夫。丞相有左右二员，掌政事。太尉掌军事，不常置。御史大夫是丞相的副贰，掌图籍秘书，监察百官。丞相、太尉、御史大夫以下，是分掌具体政务的诸卿。

秦阳陵虎符

地方行政机构分郡、县两级。郡设守、尉、监（监御史）。郡守为郡长官。郡尉辅佐郡守，主管兵事。郡监司监察。县，万户以上者设令，万户以下者设长。县令、长领有丞、尉及其他属员。郡、县主要官吏由中央任免。县以下有乡，乡设三老掌教

秦陶量。秦代度量衡器。

化，设啬夫掌诉讼和赋税，设游徼掌治安。乡下有里，是最基层的行政单位。里有里典（后代称里正、里魁），以"豪帅"即强有力者为之。此外，还有司治安、禁盗贼的专门机构，叫做亭，亭有长。两亭之间，相距大约十里。

早在秦献公十年（前375年），秦国就建立了以"告奸"为目的的"户籍相伍"制度。秦王政统治时期，户籍制度趋于完备。始皇三十一年更"使黔首自实田"，即令百姓自己申报土地。土地载于户籍，使国家征发租税有了主要依据。

秦始皇统一六国以后，以秦律为基础，参照六国律，制定了全境通行的法律。秦律经过汉朝的损益，成为唐以前历代法律的蓝本。

秦统一了度量衡。前221年，秦始皇颁布"一法度衡石丈尺"诏书应录，规定依秦制划一全国度量衡标准，度量衡器由官府遵诏书负责监制，民间不得私造。凡制造度量衡器，皆需铸刻诏书全义。从此结束了战国以来度量衡制不一的局面。同时，诏书规定了田亩制度，也结束了田畴异亩的现象。

秦下令废除秦以外通行的六国刀、布、钱及郢爰等。秦制定币制，统一货币，以黄金为上币，以镒为单位，重20两，铜币为下币，重半两，规定珠、玉、龟、贝、银、锡等物只作器饰珍藏，不能充作货币。金、铜货币成

秦两诏文空心铜权

为行通全国的法定铸币。

秦始皇还采用了战国时期阴阳家的终始五德说，以辩护秦朝的法统。秦得水德，水德尚黑，所以秦的礼服旌旗等都用黑色；与水德相应的数是六，所以符传长度、法冠高度各为六寸，车轨宽六尺，与水德相应，历法以亥月即十月为岁首，等等。秦设立了中国文明的帝制典范。讲中国历史，绝不能不讲秦，秦的制度决定了汉（甚至魏晋）的文明形式。

秦确实是个暴政王朝，它给当时的人民带来了巨大的苦难，但在文明的发展上，秦作出的贡献比它带来的灾难要多。秦在政治和社会上是战国文明绝对化的阶段。汉代，甚至我们今天所使用的文明形式很多来自秦代。

秦的行政制度是中国历史上最大的进步之一，郡县制和废除分封、消灭六国贵族和大工商业主有相当的进步意义。秦的帝国体制是中国社会结构的一大进步，中国文明从此进入了先进的文官制时代，这个时代到现在还未结束。

秦的官营手工业是将工商业专制化，但也是将它工程化，秦汉文明在经济上的高度发达（在当时世界上首屈一指）很大程度上归功于它。

秦的书同文、车同轨、行同伦、统一度量衡不只是专制，更是文明的绝对化，这些文明形式统一于一个形式之中。

这一点在文字上更明显，秦统一六国文字不是个简单的一致化，也是一个升华：小篆是一个古典典范。实际上，在秦代，隶化倾向已经出现，各国手写体也互相靠拢。但秦的官方文字，特别是作为标本颁出的文字小篆在形式上达到一种高度的形式化，它的平直圆的字体和匀称的结构在今天也很少能有人写得好。它如同一切古典典范一样，在形式上达到了绝对化，从而与一般实用的字体区别开来。在今天，小篆也是用作表示官方、法定意义的古典主义字体。

秦的艺术具有中国文明古典典型的特征。它的宫室（例如阿房宫）、陵墓已不可见，长城则在今天也还被作为中国的象征，这是雄浑品格的见证，它表现了这一时期艺术形式的绝对性和力量的宏大性。

至于当代才发现的秦始皇陵的兵马俑则是战国艺术的绝对化。它应该代表了战国雕塑艺术的最高水平。

　　秦的制度为汉初所继承。它的政治结构奠定了帝国体制的基础，它的三公、列卿、考课、监察制度在战国时代的小国政治中是不可想象的。它的法律素称严酷，但若一条条考察起来，并不十分不合理，只是惩罚过于严重。它和秦的政治制度一样，不管内容如何，在形式上都是中国法制的代表。

　　因此，总的看来，秦在政治和社会上都将战国文明升华到了一个充分展开的形式化高度。在帝国体制中，各种文明形式得到丰满的表现，并内化于制度中。秦的博士制即使不太成功，也体现了秦人将文化固定化、全民化的努力。

陈胜、吴广大泽乡起义

二世元年（前209年）七月，陈胜、吴广于大泽乡起义，反对秦朝统治。

陈胜（？—前208年）字涉，阳城（今河南登封东南）人，家为雇农。吴广（？—前208年）字叔，阳夏（今河南太康）人，贫苦农民出身。陈胜年青时，常受雇为人耕作，一次在田间劳作，他放下耒锸休息，心情怅憾，叹道："苟富贵，无相忘"（他日如得富贵，不要忘记今日在一起受苦的同伴）。同伴闻之不以为然，陈胜叹道："嗟乎，燕雀安知鸿鹄之志哉！"秦二世元年（前209年）七月，征发闾左（秦时贫弱农户居闾里之左，富者居右）900人戍守渔阳（今北京密云），陈胜、吴广皆被征调，并为屯长，行至大泽乡（今安徽宿县东南刘村集），天降大雨，道路不通，预计无法按期到达，依照严酷的秦法，失期当斩。陈胜与吴广谋议：现在逃是死，若举大事也是死，都是死，为国事

拜将台。陕西汉中市城南的"拜将台"，传说是刘邦拜韩信为大将军时所设之坛。

井陉古战场。河北省井陉县的古战场遗迹，历史上著名的"背水一战"，就发生在这里。

死不是更好吗？陈胜又说：天下苦秦久矣！现在若以我们九百人，借用公子扶苏、项燕的名义，为天下首倡起事，必有无数人响应，吴广以为然。

陈胜吴广两人又巧设"鱼腹丹书"、"篝火狐鸣"制造起义舆论，声言"大楚兴，陈胜王"，并伺机杀死两名押送将尉，陈胜随即号令戍卒："各位都失期当斩，设若不斩，戍守死边的必有六七成；再说壮士不死则已，死就要成大名，王侯将相难道是天生的贵种吗？"九百人异口同声，一举赞成举大事，于是筑坛为盟，称大楚，陈胜自立为将军，吴广为都尉，首先攻下大泽乡，进而攻占蕲县及附近各县，中国历史上第一次大规模的农民起义就这样爆发了。

及攻占陈县（今河南淮阳）时，起义军拥有战车六七百辆、骑兵千余人、步兵数万人，魏国名士张耳、陈余逃匿在外，献计陈胜"遣人立亡国后，自为树党，为秦益敌"。陈胜不听，乃自立为王，国号"张楚"，诸郡县之民苦秦苛法，"斩木为兵，揭竿为旗"，争杀长吏以应陈胜，农民起义达到高峰。

晁错被杀·七国叛乱

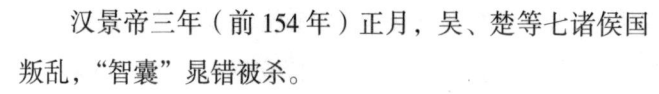

汉景帝三年（前154年）正月，吴、楚等七诸侯国叛乱，"智囊"晁错被杀。

汉初，高祖刘邦因兄弟少，诸子年纪小，又不相信异姓王等原因，大封同姓为王，并与群臣盟约"非刘氏而王者，天下共击之"。经过几朝的演变，到景帝时齐、楚、吴三封国几占天下之半。且吴国拥有江苏53县，盛产铜、盐，吴王刘濞"即山铸钱，煮海水为盐"，使吴王钱币满天下，"富埒天子"，且军力强大。吴王骄横，早就蓄谋叛乱。文帝时，晁错曾数次上书请求削减吴王封土。景帝即位，吴王更加骄横，晁错又上《削藩书》，明确指出现在的形势是削藩诸侯王会反叛，不削藩他们也同样反叛。如果削藩，他们会马上反叛，麻烦小些，如果不削藩，他们的反叛会迟延，麻烦反而大些。景帝采用晁错之策，将楚王东海郡、赵王常山郡、胶西王六县削去。前三年（前154年）正月，又将吴王会稽等郡削去，激起诸王强烈反对。吴王刘濞与胶西王刘卬约定反汉，一旦事成，吴王与胶西王分天下而治，此后吴王即联合楚、赵、胶西、胶东、菑川、济南等6国，以"诛晁错、清君侧"为名，发动武装叛乱，史称"七国之乱"。吴王还同时谋杀了吴国境内汉中央所设置的二千石以下官吏。吴王亲率吴楚联军20余万人西征。胶西、胶东、济南、菑川四国合兵围攻忠于汉廷的齐国。赵国则暗中勾结匈奴，起兵反叛。面对声势汹汹的七国叛军，景帝轻信了晁错的政敌袁盎之言，以为除掉晁错，退还削地，就可使七国罢兵，于是将晁错在长安东市斩杀，并派袁盎去谈判求和。但景帝这一举措并没有能平息7国的叛乱，吴王刘濞自称东帝，不肯罢兵，七国之乱反而愈闹愈大。

晁错像

司马迁受宫刑

　　天汉二年（前99年），汉武帝得知李陵被俘后投降匈奴，非常震怒，召集群臣商议治李陵的罪。大臣们都数说李陵不该投降匈奴，只有太史令司马迁为李陵辩解。他说，李陵率领不足五千步兵，深入匈奴腹地，打击了几万匈奴骑兵，直到最后，武器用尽，后退无路，援军又没希望赶来，仍然与匈奴兵殊死拼搏，就是古代的名将也不过如此。他虽然打了败仗，可是杀了那么多的匈奴兵，足可以向天下人交代了。李陵不肯以死来尽节，一定是想以后将功赎罪来报答陛下。汉武帝认为司马迁所讲的乃是荒谬的、毫无根据的"妖言"，是想为李陵游说，破坏李广利将军声名，于是下令将司马迁打入大牢，并处以宫刑。

燕王及桑弘羊谋反

元凤元年（前80年）九月，燕王刘旦及鄂邑长公主等谋反，事败被杀。

刘旦是汉武帝的第三子。武帝死、昭帝立后，他心怀不满，便联络了中山王刘昌的儿子刘长和齐王将闾的儿子刘泽大造舆论，称昭帝不是武帝的亲子，是霍光等人拥立的皇帝，天下人应共同讨伐。刘泽首先发兵，但立刻被青州刺史隽不疑镇压。刘泽、刘长被诛，刘旦被免以追究，仍为燕王。

但刘旦不甘心失败，又与同霍光结有私怨的鄂邑盖长公主（刘旦姐姐）、左将军上官桀及骠骑将军上官安父子、御史大夫桑弘羊等人串通谋逆，要杀霍光，废昭帝，立燕王为天子。元凤元年，他们以燕王的名义上书诬告霍光。桑弘羊又联络外朝大臣企图胁迫霍光退出朝廷。但昭帝看出燕王的奏章是伪造的，不肯下达，并当众称霍光为忠臣。上官桀等又策划由鄂邑长公主宴请霍光，伺机加害。结果被人告发，昭帝下诏族诛上官桀、桑弘羊等，燕王旦及鄂邑盖长公主畏罪自杀。

霍光病死·霍氏灭族

地节二年（前68年）春，大司马、大将军霍光病重，宣帝亲临问候，为之痛哭。当日，宣帝拜霍光子霍禹为右将军。三月，霍光病死，宣帝及皇太后亲自为其吊丧，谥曰宣成侯。

武帝、昭帝、宣帝时期，霍氏家族的势力日益扩大，其远近亲戚根深蒂固地盘据于朝廷。前71年（本始3年），霍光妻霍显为使其幼女成君立为皇后，使人毒杀许皇后，多亏霍光遮掩，才侥幸过关。霍光死后，霍禹袭父爵为博陆侯，霍光侄孙霍山为乐平侯，以奉车都尉领尚书事。次年，霍光侄孙霍云又封冠阳侯。霍氏子弟权重势大，更加骄奢无度。他们大兴土木，修建豪华的住宅，经常托病不朝，到处寻欢作乐。霍光夫人霍显及其诸女，昼夜随便进入长信宫。霍氏骄横不法，激起宣帝不满。霍光死后不久，宣帝以张安世为大司马大将军，又立许皇后生的刘奭为太子，封许皇后之父许广汉为平恩侯，御史大夫魏相为丞相。霍显闻知刘奭为太子，非常生气，急入宫与霍皇后密谋毒杀太子。与此同时，霍显谋害许皇后事发，宣帝开始有计划削弱、限制霍氏势力，地节四年（前66年）七月，霍氏因权势被削夺，心怀怨恨，密议谋反，欲废宣帝立霍禹。结果阴谋败露，霍云、霍山自杀，霍禹腰斩，霍显及其姊妹皆弃市，与霍氏相连坐诛灭者数十家。霍皇后被废，幽禁昭台宫，12年后自杀。富贵极臻的霍氏家族覆灭了。

霍光像

王氏五侯·外戚政治抬头

西汉河平二年（前27年）六月，王谭、王商、王立、王根、王逢时等同时被汉成帝封侯，时称"五侯"。这一事件标志着西汉外戚专权的抬头。

外戚王氏家族得势，缘于元帝皇后王政君。王政君生刘骜（即成帝），被元帝立为皇后，其父王禁被封为阳平侯，王禁之弟王弘被封为长乐卫尉。王禁死后，其长子王凤继承爵位，官拜卫尉侍中。

刘骜继位后，尊政君为皇太后，任命王凤为大司马大将军，并负责尚书事务。

铜贮贝器

又封政君同母弟王崇为安平侯，封王凤庶弟王谭等五人为关内侯，即封王谭为平阿侯，王商为成都侯，王立为王阳侯，王根为曲阳侯，王逢时为高平侯。自此，王氏家族把握了朝廷军政大权，不可一世，而成帝则一味姑息。王凤秉权专势，威震朝廷，郡国太守、丞相、刺史等各级官员都出于他的门下，他后来又任命侍中太仆王音就御史大夫高位。

王凤死后，王音继为大司马大将军。五侯相继死后，其子皆继承爵位。王氏亲属封侯者已近十人。

永始元年（前16年），王政君又封早亡兄王曼为新都哀侯，封侄子王莽为新都侯。

外戚把持朝政，为后来的王莽篡汉创造了条件。

王莽改制

初始元年（8年），王莽篡汉自立为皇帝，改国号为"新"，为了缓和尖锐的阶级矛盾，先后颁发了一系列诏令，进行改制。

始建国元年（9年），王莽下令将全国土地改为王田，奴婢改名为私属，均不准买卖。还规定一家男子不超过8人而占田数额超过一井（900亩）的，应将多余的田分给九族乡邻中无田或少田的人；原没有土地的也按一夫一妇授田百亩的制度授与田地。

始建国二年（10年），王莽下令实行五均、赊贷和六筦法。在长安、洛阳等大城市设立五均官，负责管理工商业经营与市场物价，收取工商税。赊贷规定由政府办理，年利息为十分之一。五均赊贷，加上政府经营的盐、铁、酒、铸钱和收山泽税，合称为"六筦"。

从居摄二年（7年）到天凤元年（14年），王莽进行了四次币制改革。居摄二年（7年），他下令铸造大钱、契刀、错刀，与汉五铢钱共为四品并行于市。两年后，复改币制，废除错刀、契刀、五铢钱，另铸一铢小钱与十二铢大钱并行。始建国二年（10年），三改币制，把货币总称"宝货"，分成钱货、金货、银货、龟货、贝货、布货，总称"五物、六名、二十八品"。天凤元年（14年），四改币制又实行金、银、龟、贝等货币，废除大、小钱，改行货布、货泉二品。

始建国元年（9年），王莽下令制造标准的度量衡器，颁行天下，作为统一全国的度量衡标准。

新莽"始建国元年"铜方斗。此方斗制作极为规整，为新莽标准容器之一。

新莽地皇年间包芒、蓐收壁画。此墓后室东西北三壁上方之拱眼壁上，共绘十二幅神怪像，这是其中的两幅。

此外，王莽对中央和地方的官名、官制、郡县地名、行政区划，也屡加改变。

王莽这些改革，有些措施触到了当时社会重大问题，但并没有起到维护新莽政权的作用，相反，改制或多或少触及了大地主商人的利益，加剧了统治阶级内部矛盾。制度本身的弊病，给人民带来了更大的灾难。因此很快导致了王莽政权的覆灭。

光武帝诏州郡检核天下垦田户口

建武十五年（39年），光武帝刘秀因天下垦田多与实际不符，户口、年纪也有出入，下令"度田"。

"度田"，就是从增加政府租税和赋役收入出发，对全国的户口和土地进行清理、核实，因为田税和口钱是政府的重要收入。起初，因军费多而田税征收高达十分之一，后来，屯田增加，战争又少，改为三十分之一。口钱是

建武十一年大司农斛量器

东汉光和二年大司农平斛量器

东汉建武廿一年乘舆斛量器。有盖，盖顶正中有环，盖面有三卧羊。斛体似奁，腹部两侧有兽首衔环耳，底部以三立熊承托为足。通体鎏金。盘沿下铸铭文六十三字，记述了制造年代、名称、尺寸及工匠姓名等。

贫民重大负担，只有弄清天下户口数才能稳定口钱收入。"度田"在执行过程中，遇到很大阻力，因为此举触犯了地方豪强地主的利益。地方州郡官吏在度田时，不敢得罪豪强地主，对一般老百姓却十分苛刻。比如刘秀见地方官陈留吏的奏牍上写着："颍川、弘农可问，河南、南阳不可问"。刘秀不解，幄幕后十二岁的刘阳（即后来的汉明帝）解释说："河南帝城多近臣；南阳帝乡多近亲、田宅逾制，不可为难。"尽管光武帝刘秀对度田不实的官员进行过严厉的惩处，如处死了大司徒欧阳歙、河南尹张伋及诸郡守十余人，但是豪族地方势力仍千方百计地把负担的赋税徭役转嫁到农民头上，同时以武装抗拒度田，从而加剧了社会的动荡。后来，刘秀采取镇压与分化瓦解相结合的办法，平息了度田引起的骚乱，使官府一年一度的度田和检核户口制度得以实行，有利于赋税、徭役的征调。

司马炎称帝改制

泰始元年（265年）十二月十三日，司马炎设坛南郊，燔柴告天，逼迫魏帝曹奂退位，自称皇帝。司马炎，字安世，司马昭长子，逼迫曹奂退位后，封其为陈留王，改魏为晋，史称西晋，改元泰始，建都洛阳。本年十二月司马炎分封宗室二十七王，把司马氏宗室都分封为王。司马炎泰始分封，基本上承后汉之旧，君国而不君民。王国地不过一郡，王国的相由朝廷任命，与太守无异。国中长吏由诸王自选，财政不能自己擅作主张。同年十二月十九日，置中军将军以统御宿卫七军。又置谏官，以规劝皇帝。泰始二年（266年）十二月，因屯田制难以继续，晋武帝司马炎下诏书命令罢农官，改农官为郡太守或县令，正式废除民屯，其所辖的屯田区即改属相应的郡、县，屯田民一部分转化为国家的

晋武帝司马炎像

编户，一部分成为私人的佃客。司马炎罢农官以及屡次责令郡县官劝课农桑，严禁私募佃客，在客观上起了促进生产发展的作用。泰始四年（268年）正月，贾充主持修订的新律修成，依汉律9章增11篇，合20篇，620条，都是稳定性的条文，以正刑定罪，不入律的临时性条款，都以令施行，律、令共2926条，此外，又以常事品式章程为故事，各归本官府执掌。晋律、令、故事，成为后世法律形式范本。泰始二年（266年）、四年（268年），司马炎屡次下诏书责成地方官必须致力于省徭务本，并力垦殖；务必使地尽其利，禁止游食商贩。泰始五年（269年）十月，汲郡太守王宏执行政策得力，引导有方，督劝开荒5000余顷，在饥荒年许多地方粮食欠缺的情况下独汲郡不缺，为此司马炎特下诏表彰王宏，鼓励天下官民垦田。晋泰始四年（268年）十一月，司马炎下诏要求王公卿尹及郡国守相，举贤良方正直言之士。十二月，颁五条诏书于郡国：一正身，二勤百姓，三托孤寡，四敦本息末，五去人事。至此，司马炎大致完成了称帝改制的任务。

西晋覆亡

汉建元二年（316年），汉军在大司马刘曜的统领下，向长安发起强烈的攻势。八月，汉军逼近长安，形势非常危急，各路勤王的援兵虽然相继赶到，但害怕汉军的声势，都驻足不前，相互观望。刘曜在九月乘机攻陷了长安的外城，守城的曲允、索琳只好退入内城固守。此时城中供应断绝，粮食极度匮乏，一斗米价值二两金子，饿死的人有一半多，甚至出现了人吃人的惨剧。晋愍帝也只能吃麴（即麴皮、麦子、大豆的混合物）做的粥。在这种内无粮草，外无援兵的情况下，愍帝决定向汉军投降。他派宗敞请降，但被索琳拦住了，索琳派自己的儿子去见刘曜，想靠请降来表功，不曾想儿子被刘曜杀了。晋愍帝只得自己亲自光着上身，乘着羊车出城向汉军请降。一时上下纷纷号泣不已。刘曜将愍帝一行送到平阳。汉帝刘聪降愍帝为光禄大夫，封怀安侯；刘曜被封为大都督，督陕西诸军事、太宰，封秦王，假黄钺。并且大赦天下，改元麟嘉。到此为止，西晋共经历司马炎、司马衷、司马炽、司马邺四帝，历时42年（265年—316年）而覆亡。

司马睿称帝·东晋建立

太兴元年（318年）三月，晋愍帝遇害的消息传到建康，晋王的臣属纷纷上表劝司马睿即皇帝位。十日，司马睿于建康即位称帝，这就是晋元帝。东晋王朝正式建立。司马睿宣布大赦天下，改元太兴。文武百官都官升二级。

永嘉元年（307年）七月，朝廷命镇守下邳（今江苏睢宁西北）的琅琊王司马睿移镇建邺（今江苏南京），又命王衍弟王澄为荆州都督，族弟王敦为扬州刺史。

司马睿像

建兴四年（316年）十一月，愍帝出降刘聪，西晋灭亡。317年3月9日，司马睿称晋王于建康，改元建武，本年称皇帝，改元太兴。

东晋政权是西晋门阀士族统治的继续和发展。司马睿能在江南重建和中兴晋室，北方士族王导、王敦等琅琊王氏起了很大作用。王导（276年—339年）更是东晋政权的奠基人，当时被称为"江左管夷吾"。

宋摹本东晋顾恺之斫琴图卷。古琴为中国传统乐器，此图描绘古代文人学士制琴场景。画面共十四人，或斫板，或制弦，或试琴，或帝观指挥。工作者与指挥者多坐于兽皮、席毯之上，风度文雅。除五侍者外，主要人物均长眉修目，面容方整，表情静穆。衣纹细劲，并用青、赭晕染衣袖领边等处。

永嘉（307年—313年）之乱后，民族矛盾上升为社会主要矛盾，社会关系出现了新的变化。因此，在江左建立的东晋政权不仅是门阀专政的工具，同时也反映了汉民族利益的某些特征，所以"中州士女避乱江左者十六七"。士族门阀的代表人物王导在东晋政权建立以前就清醒地观察了局势，他知天下已乱，遂倾心推奉司马睿，"潜有兴复之志"。（《晋书·王导传》）这显示了他超群的政治远见和抱负。司马睿刚到建邺时，由于他在晋宗室中的名望并不太高，江南士族对他比较冷淡。王导知道要在江南重建政权，没有当地士族支持是不可能立足的，而要帮助司马睿在江南兴复晋室，必须先提高他的威望。王导于是与族兄王敦共同策划，利用三月初三当地节日机会带领北来士族名流，骑马拥从着司马睿的肩舆，进行一次声威浩大的巡游。江南名士纪瞻、顾荣等看到司马睿这种威风，都惊恐地跑到路旁拜见。王导又以司马睿的名义登门拜访贺循、顾荣等，请他们出来做官。顾荣又向司马睿推荐了不少江南名士，出现了"吴、会风靡，百姓归心"的局面。司马睿总算是在江南站稳了脚。

司马睿能成为东晋的创业主，主要依靠了王导、王敦等北方门阀的"同心翼戴"。司马睿用王导建议，以渤海刁协、颍川庾亮等百余人为掾属，称为"百元掾"，列入门阀谱。而王导、王敦等琅琊王氏一门更"特受荣任，备兼权重"。王导"内综机密，出录尚书，杖节京师，并统六军"，掌握中央军政大权；王敦则手握重兵，驻节荆州，都督中外诸军事，掌握军事征讨大权。王氏的群从子弟，也都"布列显要"担任要职。在举行皇帝登极大典时，司马睿竟让王导同他一起"升御床共坐"，共受百官朝拜，因王导再三推辞才罢。当时人把王导、王敦与司马睿的这种关系，形容为"王与马，共天下"。就是说，南渡士族之首的琅琊王氏与司马氏共同重建了晋室，共同享有东晋天下。东晋王朝共经历11帝，历时104年，是司马氏先后与王、庾、桓、谢四大士族"共天下"。

刘裕灭刘毅

晋义熙八年（412年），刘裕诛灭刘毅。

刘裕、刘毅、何无忌为东晋北府兵的三巨头。卢循起兵，何无忌战死，刘毅战败。紧急关头，刘裕从北伐前线赶回，平定卢循。和刘裕同时起家的刘毅，虽然外表推崇刘裕，内心常怀忌恨。刘裕一向不喜读诗书，而刘毅则爱好文雅，朝中文雅之士多依附刘毅，于是刘毅暗中勾结朝中尚书仆射谢混、丹阳尹郗僧施，立志除掉刘裕。刘裕知道刘毅必反，于是先发制人，假意同意调刘藩至荆州，而乘刘藩到京城时，收捕刘藩，处以死刑，随即亲自率兵讨伐刘毅。

《好太王碑》，晋义熙十年（414年）立。

刘裕任命振武将军王镇恶为前锋。王镇恶一路宣称自己是刘藩的军队，军队顺利入城。王镇恶占领大城后，又派人挖穿刘毅据守的牙城。半夜，刘毅突出重围，在城北的牛牧佛寺自缢身亡。

北凉灭西凉

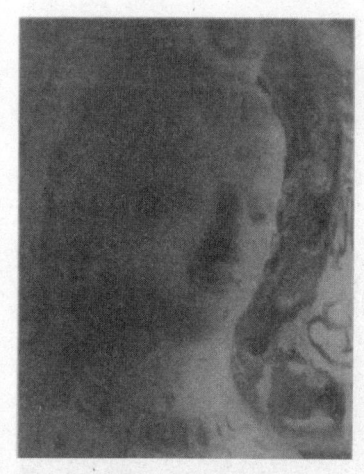

西凉嘉兴四年（420年）七月，北凉攻破西凉都城酒泉，西凉灭亡。

北凉，为卢水胡人沮渠蒙逊于隆安五年（401年）所建，都于张掖。412年，蒙逊称河西王，改元玄始。蒙逊即位后，曾屡败西凉李氏，与西凉积怨很深。义熙十三年（417年），西凉李暠病死，其子李歆嗣位。此后，李歆大兴土木，屡征民役，并于嘉兴四年（420年）七月，不听劝阻，亲自出兵讨伐北凉。而此前北凉也已有灭李氏之心，为诱西凉，故意扬言

敦煌石窟北凉时期交脚弥勒菩萨头部

南讨西秦。李歆果然上当，带兵来攻。蒙逊派兵伏于边境，大败西凉军队，并击杀李歆。蒙逊乘势西进，占领酒泉。李歆弟敦煌太守李恂闻讯后，守据敦煌自称冠军将军、凉州刺史，继续与北凉对抗。421年3月，蒙逊发兵2万，围攻敦煌。蒙逊在城外三面筑堤，以水灌城。敦煌城失陷，李恂自杀身亡。蒙逊占有西凉之地后，号令严明，秋毫不犯，西凉旧臣有才望者，一律加以录用。由于蒙逊安抚有方，西凉地区虽经变乱，但社会稳定，国泰民安。

北凉白双且造像塔

齐宫内乱

北齐天统元年（565年），后主高纬即位，不久齐宫内乱，和士开、穆提婆专权乱国，骄奢淫逸。和士开出入北齐诸帝宫禁，与皇室亲狎。武成帝高湛十分宠信和士开，任命他为侍中、右仆射。高湛临终前，委任和士开为顾命大臣。高纬即位后对他更加器重。武平元年（570年）和士开被封为淮阳王，任尚书令。于是他得以更加自由出入宫闱，与胡太后淫乱。这引起琅琊王高俨（高纬胞弟）不满。侍中冯子琮劝高俨杀和士开及侍中、城阳王穆提婆。武平二年（571年）七月，高俨假传诏书杀幸臣和士开，又企图杀高纬乳母、穆提婆生母陆令萱。高纬大怒，急召斛律光入朝，命他领兵擒高俨及党羽。胡太后怕皇帝杀死胞弟，将高俨留居宫中，只以冯子琮抵罪。胡太后对高俨严加保护，饮食必经自己先尝后才给高俨。九月二十五日，高纬听从陆令萱及侍中祖珽建议，假称要与高俨出猎，派人将年仅14岁的高俨拉出宫杀害。为安抚胡太后，赠高俨谥号为楚恭哀帝。

胡太后先是与和士开淫乱，和士开死后，便与沙门统昙献通奸。昙献甚至被众僧戏称为太上皇。高纬对此有所耳闻，后朝见太后时，见二尼姑侍立太后左右，发现她们竟是男人。于是高纬将昙献斩首。武平二年（571年）十月二十五日。后主高纬将胡太后从晋阳（今山西太原）送回邺城（今河北磁县南），派宦官邓长将太后囚禁于北宫，并敕令不许内外诸亲与胡太后相见。

北朝武士俑。武士俑立于出行队伍前列，身穿铠甲，手执武器（已失），环睁双目。

北齐政乱·斛律光冤死

北齐武平三年（572年）五月，齐后主高纬听信谗言，杀害一代名将左丞相斛律光。斛律光（515年—572年），字明月，北齐朔州（今山西朔县）敕勒部人，北齐名将。父斛律金为高欢部下名将。斛律光自幼善骑射，北魏末年他年仅17岁时就随父西征，立功受齐神武帝高欢嘉奖；又被文宣帝引为亲信，加封爵位。在后来对北周、突厥军的战争中，斛律光屡立战功，一路升迁，官至左丞相。斛律光之女为北齐后主高纬皇后。斛律光虽贵为国戚，位极人臣，却生性节俭，不好声色，不受馈饷，不贪权势；又善待部下，每战必身先士卒，深得士众心服，征战从未败落，为敌国之心腹大患。当时尚书右仆射祖珽，受齐后主高纬宠信，权倾朝野，满朝文武无不惟其马首是瞻，只有斛律光不买账，骂祖珽为小人。后主高纬乳母陆令萱的儿子、中书侍郎、淮阳王穆提婆欲娶斛律光庶女，被拒绝。祖、穆二人皆怨恨斛律光，常在后主高纬面前挑拨。北周将军韦孝宽欲离间北齐君臣，便制造谣言。祖珽闻知后，又添油加醋，在后主面前诬斛律光有不轨之心。后主先疑后信。武平三年（572年）五月二十六日，斛律光入朝时，后主令刘桃枝率力士将他扑杀。斛律光临死时犹称不负国家。当时年仅58岁。继而后主下诏称其谋反，杀其子斛律世雄、恒伽，又派人到外州杀其长子斛律武都和其弟——时为幽州行台尚书令，善于治兵，令突厥人胆寒并称之为"南可汗"的斛律羡。斛律光一家皆死，敌国北周武帝大赦天下庆贺。后北周灭北齐，追赠被流言反间计、恩幸之臣诬害而死的斛律光为上柱国、崇国公，并感叹斯人若在，北齐不致灭。

刘裕篡晋建宋

晋元熙二年（420年）六月，刘裕称帝，改国号为宋。

刘裕（363年—422年），字德舆，小名寄奴，原籍彭城（今江苏徐州）。其曾祖刘混，永嘉之乱时渡江居于丹徒的京口（今江苏镇江），至刘裕时家境已衰败。刘裕起初投奔北府军，靠平定桓玄之乱而官至侍中、车骑将军，逐渐掌握东晋王朝的军权。东晋义熙六年（410年），刘裕率军北伐平定南燕，受封为太尉、中书监，执掌朝权。此后四五年间，刘裕相继除掉刘毅、诸葛长民、司马休之等政敌。然后，他第二次北伐，克复关中，以功于义熙十四年（418年）受封为相国、宋公。至此，刘裕取代东晋的条件已经成熟，便于晋元熙二年（宋永初元年，420年），刘裕拿着自己手下拟好的禅位诏，让晋恭帝抄录，"恭帝欣然操笔，书赤纸为诏"。14日，刘裕筑坛于南部，登上皇位，国号宋，是为宋武帝。宋武帝改元永初，平定建康（今江苏南京），改《泰始历》为《永初历》，废晋恭帝为零陵王。次年6月，派人将他毒死，开了杀"禅让"退位者的先例。至此，历时104年，共11帝的东晋王朝结束，南北朝时期开始。

宋武帝像。南朝宋的建立者，宋武帝刘裕，曾为东晋将领，灭南燕、后秦。420年代晋称帝。

中国政治由三公九卿向三省六部制过渡

中国封建社会的政治体制从秦汉时的三公九卿到魏晋南北朝的三省六部制的发展和演变,使职能和分工趋向合理,皇权不断加强。

秦汉设三公九卿执掌政务,统管百事。秦有御史大夫、太尉和丞相辅佐皇帝,汉武帝时并称三公。汉武帝为削弱丞相权力,设大司马,位居丞相之上,汉成帝绥和元年(前8年)将御史大夫改为大司空,又把大司马、大

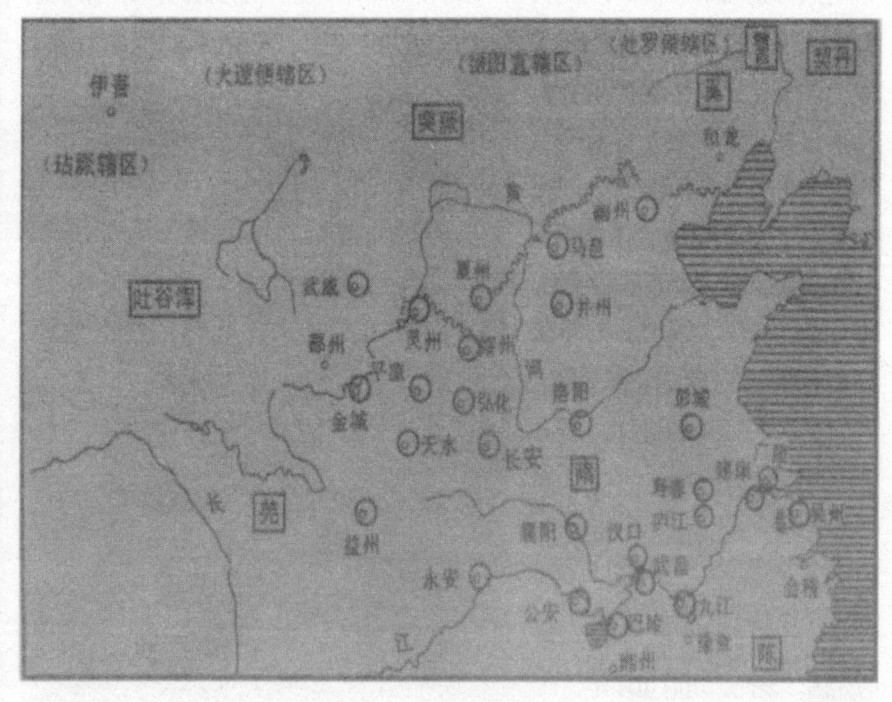

南北朝末期形势图。隋灭陈标志着二百多年南、北期分裂战乱局面的结束。图为南北朝末期形势图。

司空的俸禄提高到与丞相相等,从而确立鼎足而立的三公制。哀帝元寿二年（前1年）又改丞相为大司徒。东汉初仍设三公,改大司马为太尉大司徒；大司空为司徒、司空,其中太尉位居首位。九卿是三公之下的官吏,东汉把太常、光禄勋、卫尉、太仆、廷尉、大鸿胪、宗正、大司农、少府定为九卿。

三省是魏晋南北朝的中央最高政府机关,称尚书省（台）、中书省、门下省,其中尚书省下设吏、户、礼、兵、刑、工六部。

尚书省,始名尚书台,它是由汉代皇帝的秘书机关发展起来的。汉初,尚书是九卿中少府的属官,因其在宫中主管收发文书并保管图籍,而称尚书。汉武帝刘彻时,皇权强化,政事不专任丞相和御史大夫,尚书因主管文书,省阅奏章,传达圣旨,地位逐渐重要。汉光武帝刘秀鉴于西汉末年的重臣专权,有意削弱三公高位,实权逐渐移于尚书,其时尚书机构称台,主管文书起草,成为政府的中枢,号称中台,人说"天下枢要,在于尚书"。但终汉之时,尚书台仍然是少府的下属机构。三国时,尚书台正式脱离少府,成为全国政务的总枢,随着尚书台地位的上升和权力的加强,引起皇帝的猜疑,因而其权力开始受到限制。曹操称魏王时置秘书令,典尚书奏事,其子魏文帝曹丕改秘书令为中书令,又置中书监,主管机密,下统中书郎若干人,组成中书省。于是在尚书台之外复有中书省,而原来作为皇帝侍从的侍中逐渐成为参预机密的要职,尚书台失去独占机枢的地位。但由于全国政务首先集中到尚书台,因此它作为全国行政中枢机构的趋势仍在发展,执政重臣也要加上录尚书事的头衔,才能过问机密。东吴仿曹魏,尚书、中书并置,蜀汉则沿袭东汉,尚书权倾朝野。西晋因袭曹魏,以尚书台总掌朝政,另置中书、门下二省分其权。到南朝时中书舍人专任机密,尚书省的实际地位更为下降,中书省主要负责政策、诏书的起草,门下省负责审核朝臣奏章,中书、门下二省都设在宫内。尚书省设在宫外,主要负责政策的执行,下设六部二十四司,户部负责财政,吏部掌握官吏的考核、升迁,礼部掌礼仪及贡举,兵部主管军队和武器,刑部负责狱辞诉讼,工部管理工程建设,全部政务,各归所司；而原来的九卿则成为具体办事的职能机构。贯彻尚书省下达的政令,地方州、县禀承尚书等令施政，并定期向尚书省汇报政绩，故尚书省仍是国家政事的枢纽，是最高行政机构。

在三省六部制确立之时，三公的权限大为削弱。汉光武帝刘秀为了集权，只承西汉名义上的三公，其权则由尚书台掌握，后来外戚、宦官专权，又设大将军。大将军开府设官，位在三公之上，三公不仅受制于尚书台，还必须俯首听命于外戚、宦官，皇帝常把罪责推向三公，三公被免职是常事。东汉末，曹操罢去三公而置丞相、御史大夫，曹自做丞相。西汉时的三公制至此终结，魏晋南北朝虽恢复三台制，且开府置幕僚，但实权进一步向尚书台转移，至隋代，三公不再开府，幕僚全部撤销，完全成为虚衔成"优崇之位"。

冼夫人奉岭南附隋

隋开皇九年（589年）二月，隋灭陈，但岭南地区还没有归附。岭南各郡共同推举高凉郡（今广东阳江）太夫人冼氏作为岭南各郡的主帅，号称圣母，保护境内臣民。

文帝命令柱国将军韦洸等安抚南岭地区，但豫章太守徐璒占据了南康（江西境内），韦洸无法进入岭南。晋王杨广让陈后主写信给冼夫人说明陈已经灭亡了，要她归附隋朝。冼夫人接阅书信后痛哭失声，各酋领也痛苦万分，冼夫人派她的孙子冯魂率人迎来韦洸，韦洸杀了徐璒，进入广州。到了广州后，韦洸到处游说，说服岭南各个州县，归附隋朝。衡州司马任环劝都督王勇起兵占据岭南，然后立陈皇室之后为帝想东山再起，但遭王勇拒绝。王勇带他的部队投降隋朝，任环只好丢官逃命。这样，岭南各郡各州全都归附隋朝，不再有人兴兵作乱。

590年十一月，番禺（今广州）夷人王仲宣起兵谋反，岭南各部落首领纷纷响应，形势一触即发。叛军迅速包围广州，隋朝将军韦洸被流箭射死，兵在将军鹿原带领数千人击败了王仲宣的将领周师举，进逼南海。

冼夫人命令她的孙子冯暄带兵营救广州，但由于冯暄与陈佛智有旧情，所以按兵不动。冼夫人大怒，将冯暄逮捕入狱，改派冯盎出师广州，击败并杀死陈佛智，并与鹿原和韦洸副将的军队合并共同击败了叛军。

冼夫人在此平叛中功劳显赫，被封为谯国夫人，允许她开幕府、设置官署，可以指挥6个州的兵马。她的丈夫冯宝被封为广州总管，封为谯国公。

李世民开馆延士

武德四年（621年）九月，鉴于秦王李世民功高望重，唐高祖任世民为天策上将军，位在王公之上，并兼任司徒。

李世民认为其时天下逐步统一，海内平定，便在秦王宫西部开馆，延请四方饱学之士。

秦王出教以秦府属官杜如晦、记室房玄龄、虞世南、文学褚亮、姚思廉、主簿李元道、参军蔡允恭、薛元敬、颜相时、谘议典签苏勖、天策府从事中郎于志宁、军谘祭酒苏世长、记室薛收、仓曹李守素、国子助教陆德明及孔颖达、盖文达、宋州总管府户曹许敬宗，并以本官兼任文学馆学士。秦王又让著名画家阎立本为各学士画像，褚亮撰写赞文，号称十八学士。秦王李世民将十八学士分为三批，轮流值班，自己一有空闲，便到文学馆，与各位学士讨论文籍，直到深夜。文学馆在社会上名望颇重，如果得为学士，时人便称为"登瀛州"。

唐大破东突厥·平定漠南

贞观四年（630年）正月，唐大破东突厥颉利可汗，俘男女牲畜各数十万。

突厥势力最大时在公元六世纪，东至辽海，西达咸海，南抵阿姆河南，北抵贝加尔湖，屡与北朝、隋战争。583年后分为西、东突厥两部。

唐朝武德初年，东突厥处罗可汗入侵唐朝并州，高祖派郑元璹为使劝处罗可汗退兵。后颉利可汗继位，扣留唐使郑元璹，并仗其强大军队和精锐骑兵，听从其妻隋朝义成公主及王世充使者劝说，进兵攻打汾阴、石州，621年四月又派兵骚扰雁门、并州，五月又扰北边，失利西还。622年三月，高祖因中国还未统一，对突厥态度谦恭，派使者送重礼与颉利可汗，对方送回扣留使者郑元璹、李瑰、长孙顺德、及特勒热寒、阿史那德，两国和好。

622年八月，颉利可汗进入唐境雁门关，分兵攻打并州、原州，高祖令太子建成出幽州道、秦王世民从秦州道出击突厥，同时派云州总管李子和赶赴云中，突袭颉利，段德操奔夏州，截断突厥的归路。高祖采纳中书令封德彝建议，先战后和。并州大总管、襄邑王李神符、汾州刺史肖瑀分别在汾东等地败突厥，杀敌5000余人，但突厥来势凶猛，进犯廉州，攻陷大震关（今甘肃清水）。高祖忙派郑元璹为使，往见颉利可汗，可汗退兵，两国复好。

623年十月，颉利可汗又派兵骚扰马邑、原州、朔、渭、幽等州，高满政在马邑杀突厥军万余人，颉利亲率大军攻马邑，高满政被部将所杀。突厥占据马邑，后又归还唐朝，并请和亲，624年七月，颉利可汗又率突厥军进犯原州、陇州。高祖始有迁都之念，秦王世民不同意迁都，极力劝谏。八月，突厥颉利、突利两可汗进犯原州、忻州、并州等地，关中震动，京都长安戒严，接着攻绥州（今陕西绥德），被刺史刘大俱击退。二可汗又率全部军队进犯中原，秦王世民率兵前去抵抗，在豳州（今陕西彬县）五陇阪，双方布阵。此时唐军疲惫，武器受雨，粮道受阻，秦王毅然独骑到突厥阵前，指责颉利同意和亲而今违约，又与突利谈往日结盟之事，离间二可汗关系，同时趁雨夜突袭突厥军，最后致使二可汗意见不统一，颉利不得不派突利与其夹毕特勒阿史那思摩来见秦王，请求和亲，李世民同意并与突利结为兄弟，突厥撤兵。

625年高祖派张瑾驻石岭，李大亮领军赴大谷，再派秦王往蒲州屯兵防御突厥南侵。八月，又令安州大都督李靖从潞州道出兵，行军总管任环驻屯太行山，以防突厥。突厥军十万余人大掠朔州，败张瑾于太谷，唐军全军覆没，张瑾逃奔李靖，温彦博被俘，囚于阴山。突厥又发兵犯灵武，灵州都督任城王李道宗击退突厥兵。突厥攻绥州后，遣使向唐请和退兵。

626年九月，颉利、突利二可汗合兵十余万人攻占泾州，进至武功，京都长安戒严。突厥军进攻高陵，被泾州道行军总管尉迟敬德击败，杀千余人，并俘其俟斤阿史德乌没啜。颉利又领兵至渭水便桥之北，派亲信执失思力进长安探听消息。太宗指责突厥负盟，囚执失思力于门下省。太宗亲率高士廉、房玄龄等六骑至渭水边，隔岸责颉利负约。继而唐大军赶至，颉利见状，请和，两军桥上结盟，突厥退兵。

627年，颉利政治混乱，各部内乱，薛延陀与回纥、拔野古等部相继叛离，颉利可汗势力更弱，加之又遇大灾、缺粮，颉利可汗又派其侄儿突利可汗前去讨伐回纥、薛延陀。突利大败而归，颉利大怒，囚禁突利，突利遂生怨言。颉利向突利征兵，突利不给，并于628年四月遣使赴唐求援，后突利于629年十二月入朝，太宗命他为右卫大将军，赐爵北平郡王。

629年八月，太宗采纳代州都督张公瑾建议，以颉利可汗与唐结盟又援助叛军梁师都为借口，派大军征讨突厥。同月以兵部尚书李靖为行军总管，张公瑾为副总管，又以关州都督李世勣为通汉道行军总管，李靖为定襄道行军总管，华州刺史柴绍为金河道行军总管，灵州大都督薛万彻为畅武道行军总管，合兵十余万，分道出击突厥。

630年正月，李世勣出兵云中（今山西大同市），在白道（今内蒙呼和浩特西）与突厥激战，败突厥，李靖又在阴山大败颉利可汗。颉利逃至铁山（今阴山北部），遣使请降，欲图积蓄力量来年东山再起。李靖与李世勣二将趁夜袭击颉利，李靖在阴山俘突厥千余帐，杀死突厥万余人，俘虏10万余人；李世勣亦俘五万余人。

颉利可汗投奔苏尼失（颉利同母弟），欲往吐谷浑时被苏尼失抓获。四月被解赴长安。

东突厥被唐灭后，尚有十万余降兵。太宗采纳温彦博建议，安置突厥降兵在幽州到灵州一带。突利故地设置顺、佑、化、长四州都督府；又分颉利故地为六州，设定襄、云中两都督府，加封颉利原旧将。至此东突厥平定，漠南一带尽归唐境。

安史之乱爆发

天宝十四年（755年）十一月，安禄山于范阳起兵反唐，引军南下。

本年四月，杨国忠派兵包围安禄山在京住宅，捕杀其在京门客，以促使安禄山谋反之意暴露。果然，安禄山闻在京门客被杀，谋反日急。六月，李隆基以皇子成婚，手谕安禄山进京观礼，安禄山称疾不至。七月，安禄山上表言献马3000匹，押运兵将竟达6000多人。河南尹达奚珣怀疑安禄山将藉此叛乱，奏请火速下诏，禁安禄山兵马入京。

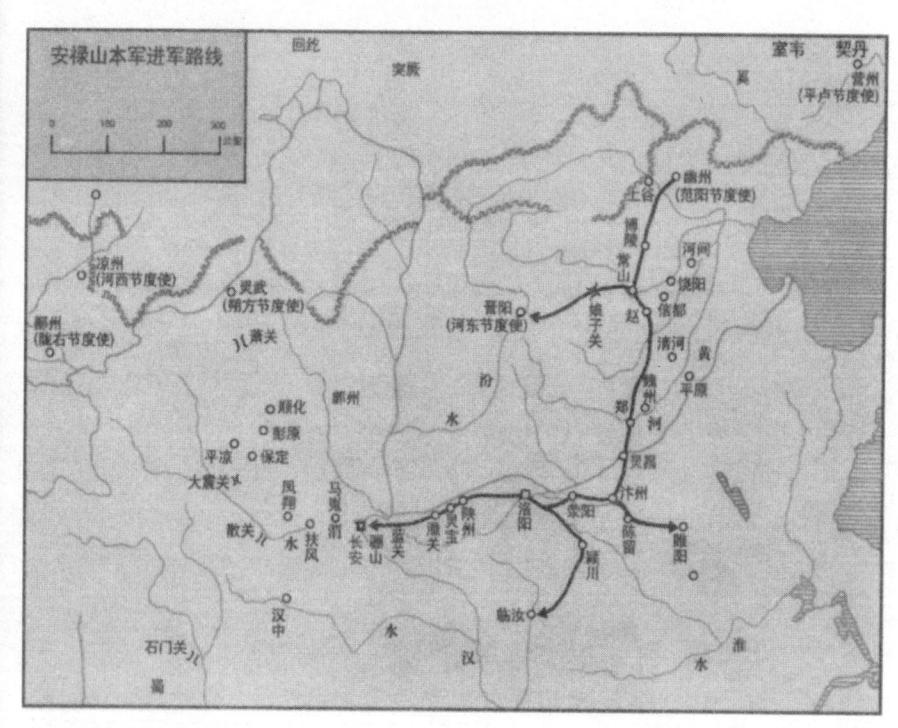

安禄山叛军进军路线图

至十月，安禄山召集部将，说："现有密旨，令我率军入朝诛杨国忠，众将随我前行。"众将愕然相顾，莫敢异言。本月，安禄山发所部兵及同罗、奚、契丹、室韦兵，计15万，号称20万，反于范阳。命范阳节度副使贾循守范阳，平卢节度副使吕知海守平卢，别将高秀岩守大同，三将率兵乘夜出发，各赴所守之城。第二日，安禄山大阅誓众，并在军中传令：有异议煽动军人者，斩及三族。然后引军向南。安禄山乘铁舆而行，步骑精锐，烟尘千里，鼓噪震地。由于承平日久，百姓不谈兵革，猝闻范阳起兵，远近震骇。

河北（辖境相当于今北京、天津、河北省、辽宁省大部、河南和山东古黄河以北地区）为安禄山辖区，叛军一路而行，各州县望风瓦解。安禄山一身兼任三镇节度使，早就预谋反唐叛乱，只是因为玄宗待之有恩，所以想等玄宗死后作乱。杨国忠与安禄山交恶，屡次在玄宗面前言禄山有反心，玄宗不听。

李隆基急召朝臣计议，并命特进毕思琛至洛阳、金吾将军程千里至太原，各募兵数万人抵拒叛军。命安西节度使封常清为范阳、平卢节度使，火速募兵，以拒叛军。又令郭子仪为朔方节度使，王承业为太原尹；同时，令置河南节度使，以张介然任之，领陈留等13郡。令各就其位，阻遏叛军。又以荣王琬为元帅，高仙芝为副元帅，出内府钱帛，于京师募兵11万，号天武军，东征安禄山。

在本月底，唐官军与叛军开始接战。但唐官军多为临时召募而来，毫无战斗力，与叛军一触即溃。下月，安禄山大军自灵昌渡河，继而攻占灵昌。随后攻占陈留，斩至陈留仅数日的张介然及降卒万人；留李庭望驻守，大军继续南下。不久抵荥阳。荥阳又陷，叛军距京师已仅1105里。安禄山杀荥阳太守崔无陂，令武令珣驻守，大军再南下，攻逼东都洛阳。唐官军封常清部与叛军数次激战，均大败。洛阳陷，封常清率残兵破城墙而逃，与高仙芝会合。二人担心叛军破潼关攻长安，率军急速赶至潼关固守，但因奸人谗言，封、高二人以讨逆无功被斩，其大军不久由哥舒翰统领。李隆基令哥舒翰统各路官军收复洛阳，安禄山闻之，亲率大军往攻潼关。至新安，闻河北有变，遂赶回救援。

在河北已成为安禄山的后方时，河北各郡勤王军蜂起。平原（今山东德州）太守颜真卿召募勇士1万人，举兵讨逆。与此同时，清池尉贾载、盐山尉穆宁与长史李暐诶为杀安禄山所委官吏起兵。不久，饶阳太守卢全城、河间司法李奂等也起兵，各拥兵万余。众公推颜真卿为盟主，联合作战，以讨叛军。颜杲卿（颜真卿从兄）为常山太守，与参军冯虔、藁城尉崔安石等人联合起兵，用计捕杀安禄山大将李钦凑、高邈、何千年。同时遣人策动各郡起兵响应。于是，诸郡蜂拥而起，17郡皆归朝廷，合兵20万，只余范阳、卢龙、密云、渔阳、汲、邺6部仍归安禄山。河北诸郡的讨叛战争有力牵制了安禄山的军事力量，使唐正面讨叛军稍有喘息之机。

宪宗策试·种牛李党祸

元和三年（808年），唐宪宗策试贤良方正直言极谏举人，伊厥县尉牛僧孺、陆浑县尉皇甫湜、前进士李宗闵都述说指责时政的过失，直言无隐，主考官吏部侍郎杨于陵、吏部员外郎韦贯之因赏识三人之才，将他们署为上第；宪宗看了也很赞赏，认为他们敢于直言进谏，精神可嘉，于四月十三日，下诏命中书省优先妥善安置并加以奖励。

宝带桥。苏州市东南运河西侧，跨澹台湖口的联拱石桥，建于唐元和年间。相传唐苏州刺史王仲舒为建桥曾捐玉带，以助工费，又因桥似宝带浮于水面，因而得名。

但是，宰相李吉甫因为牛僧孺等人指斥触及了自己，对牛僧孺等人心生不满，于是向宪宗进谗言，说考策官杨于陵、韦贯之徇私情、图报复，覆试官翰林学士裴垍、王涯也不秉公办事。宪宗听信了李吉甫话，将杨于陵贬为岭南节度使，韦贯之贬为巴州刺史；罢免了裴垍、王涯的翰林学士一职。牛僧孺等人分别由所在藩镇负责调动，很长时间得不到朝廷的重用。

不管怎样，牛僧孺等人对时政的指责还是有道理的，而且这件事还连累了四位考官，所以朝中大臣多有不服。元和三年（808年）五月，翰林学士、左拾遗白居易上疏给宪宗，认为牛僧孺等人直言时政，却被斥逐，杨于陵等主考、裴垍等覆试都因而贬官，这样一来，使得朝中上下都闭口不言，而心里却都为他们不平。白居易认为宪宗既然下诏征求直言进谏，而牛僧孺等人的策对就是诏书中所要寻求的，不按照他们的陈辞去改革时弊也就罢了，又怎么忍心降罪给他们呢？虽然白居易的上疏言辞恳切，递上去后，却没有回音。

这次对策事件是牛李党争的开端。此后，两党各分朋党，互相倾轧，时间长达40年之久，是唐朝持续时间最长、规模最大的一场党争。

宦官开始废立皇帝

唐宪宗元和年中，左神策中尉吐突承璀曾秘密上奏，请求废掉太子李恒，改立澧王李恽为太子，宪宗没有准奏。元和十五年正月（820年），宪宗因服用方士金丹，性情变得焦躁，多次杖责左右宦官侍臣。受刑者往往被打死，因此人人自危。在宪宗病重期间，承璀又奏请立澧王为太子。太子恒闻讯后十分害怕，便私下派人与母舅司农卿郭钊商议，郭钊嘱咐太子只管对皇帝尽孝，不要理睬其他事情。二十七日，宪宗暴死，宫中流传为内常侍陈弘志所杀。但宫中都避而不谈此事，只说是宪宗药性发作而死。这时，神策中尉梁守谦与宦官马进潭、刘承偕等拥立李恒即位，杀死吐突承璀及澧王李恽。闰月三日，太子李恒在太极殿登基，称为穆宗。宦官废立皇帝的先例由此开始。

耶律阿保机为契丹主

耶律阿保机，契丹迭剌部首领，通过连年征讨，南下侵扰唐朝，征服其他部族，势力加强，906年被推为契丹主，第二年，阿保机仿汉人建官制并称帝。

大贺氏是契丹部族中最大的一部，大贺氏部下分八部。其中迭剌部首领耶律阿保机智勇过人，率兵先后征服周围室韦、女真、奚部，又侵占了突厥故地。当时唐之后梁建立，社会动荡不安，战争频繁，耶律阿保机趁机率兵南下侵扰，攻占城邑，掳掠汉族人口和大量财产，势力逐渐增强。后与后梁议和称臣，并约后梁派兵攻打晋，卷入中原纷争。天祐三年（906年）十二月，契丹主痕德堇可汗卒亡，于是耶律阿保机继承可汗位被推为契丹主，耶律阿保机就位后持强恃勇，不按契丹部族规定，改用汉人制度，在潢水之滨建立城郭宫城，并大造佛寺，供养僧尼，不受其他部族酋长约束。第二年，耶律阿保机称帝，契丹人称耶律阿保机为契丹天皇王。

晚唐壁画骄奢淫逸

晚唐壁画是指唐肃宗至德初年——唐末（756年—907年）这一时期的壁画，它继续盛行家居生活方面的题材，仪仗出行的题材进一步削弱。从整体上观察，壁画上呈现的日常家居生活气氛很浓厚，这是中晚唐时期统治阶级更加骄奢淫逸的反映。在一些晚唐的墓道两壁上除第一、二期常见的表示方位的青龙、白虎之外，目前尚未发现仪仗出行的盛大场面；天井、过道两壁上，除画马夫牵马以外，还有男侍、女侍、伎乐、屏风、宴饮等内容。

中晚唐时期继承了北朝后期好画屏风的传统。梁元翰、杨玄略墓墓室两壁所绘屏风以六鹤作装饰，高克从墓墓室两壁的六扇屏风，每一扇用一对鸽

唐乐舞壁画。此壁画为研究唐代胡腾舞提供了重要的资料。

唐托盘女侍壁画

子作装饰，此乃当时贵族邸宅喜用屏风的写照。杜甫《通泉县署屋壁后薛少保画鹤》诗云："薛公十一鹤，皆写青田真，画色久欲尽，苍然犹出尘，低昂各有意，磊落如长人。佳此志气远，岂惟粉墨新。"此诗可与唐墓壁画相印证。

晚唐壁画的创作风格上趋向繁靡浮华，内容上则从不同侧面反映了统治阶级骄奢淫逸的生活；创作技法上在继承了南北朝时期的成就的同时，进一步发展了"曹衣出水"、"吴带当风"的画技，使晚唐画技日臻成熟起来。吐鲁番阿斯塔那三八号唐墓壁画六屏式人物画，充分体现了晚唐圆熟的壁画技巧，特别是画上捧棋盘的侍者和臂鹰侍者，极富生活气息，人物刻画细致入微，气韵生动，是以疏体画派画风为基础，融汇了密体画派的画风，加以初唐、盛唐二个时期的积累发展，到晚唐时期，画技充分完善起来。

晚唐壁画技法上虽然臻于成熟，但反映的内容则是毫无进取之心的浮华寄生生活，伎乐、宴饮舞蹈等声色犬马的地主阶级家居生活，成为晚唐壁画的主流，这是统治阶级不思进取，沉迷于享乐，日趋没落的艺术写照。

女侠小说出现

女侠小说产生于晚唐，传奇小说中出现了两篇描写女剑客的故事——《聂隐娘》与《红线》。

《聂隐娘》是裴铏所撰《传奇》中的一篇。主角魏博大将聂锋的女儿聂隐娘，10岁时被一尼姑用法术"偷去"，教其剑术，能白日刺人而旁人不见。身怀绝技的聂隐娘在父亲死后投奔陈许节度使刘昌裔。魏博主帅派人暗杀刘，隐娘以法术破之。后刘入觐，聂隐娘告别而去。刘死后，聂又至京师刘柩前恸哭。

《红线》是袁郊所撰《甘泽谣》中的一篇。红线是潞州节度使薛嵩的侍婢，有超人的力量。她以神术潜入魏博节度使田承嗣府中，偷其供神金盒，而薛嵩即派人送回。田大惊失色，明白既有异人能取走床边金盒，杀他更是易如反掌。这一威吓，迫使田不敢再飞扬跋扈，表示悔过自新。

《钟馗出巡图》。钟馗捉鬼的故事，唐代时广为流传，道教亦将钟馗视为祛邪判官。唐末后，民间多于除夕夜悬钟馗像于门，以驱鬼避灾。

红线则在两地保其城池后,功成身退。

两篇作品都充满知遇报恩的思想和带有神秘色彩的描绘,并成功地塑造了智勇兼备的侠女形象,想象丰富,构思奇特,成为后来女侠小说的雏形。

侠义小说的大量出现与当时社会上的游侠之风密切相关。唐代中叶之后,藩镇割据局面愈演愈烈,而百姓身处乱世之中,备受其苦,格外希望能出现武艺高强、慷慨然诺的豪侠为自己雪冤报仇。同时佛老方术盛行,也使侠客们蒙上一层神秘色彩。这就是侠义小说的社会文化基础。《聂隐娘》和《红线传》即反映出藩镇拥兵跋扈及暗杀之风的盛行。两位女主角各展神术、报效主恩,然后功成身退,显示出豪侠之气。小说情节离奇,道术气很浓。

朱全忠建梁·五代开始

开平元年（907年）四月，梁王朱全忠即帝位，国号大梁，建元开平，即为梁太祖。中国重新分裂，五代十国混战开始。

朱温，即朱全忠，原为黄巢部将，中和二年，与唐王重荣战于夏阳，由于援军缺乏，朱温知起义军大势已去，于是举兵投王重荣。唐朝廷授朱温同华节度使、右军吾大将军、河中行营招讨副使，赐名全忠。朱全忠兵势强盛，企图篡唐以代，后诏授朱全忠为梁王。朱全忠先后兼并淮北、汉水中下游，东迄山东、四接关中，北与燕南、晋南相接，古称中原之地都被朱所占据。朱全忠先后杀昭宗、立幼主、屠诸王、灭朝士，拥兵自重，境外诸藩如李克用、李茂贞、王建、杨渥、钱镠、刘仁恭等不能与之抗衡。当时唐哀帝困居洛阳，正在朱全忠势之掌握之中。

唐天祐四年（907年）正月，哀帝遣御史大夫薛贻矩至大梁慰问。薛返回洛阳告知朱全忠有意受禅。哀帝被逼下诏，定于二月禅位。二月，李柷（哀帝）令文武百官前往朱全忠帅府劝进，湖南、岭南藩镇也上笺劝进。三月十三日，再令薛贻矩赴大梁传禅位之意。二十七日，哀帝正式降御札禅位于梁。命正副册札使张文蔚、苏循，正副押传国宝使

朱温像

杨涉、张策，押金宝使薛贻矩、赵光逢，帅百官备法驾诸大兴。唐天祐四年（907年）四月十六日，梁王朱全忠更名朱晃，十八日，梁王服衮冕，即皇帝位，即历史上后梁太祖。二十二日大赦，改元"开平"，国号"大梁"，以汴州为开封府，称东都。以唐东都洛阳为西都，废唐西京长安，改称大安府，置佑国军。以哀帝为济阴王，迁之于曹州，派兵防守，第二年将哀帝杀死。撤废枢密院，设崇政院，任命首辅敬翔为使。自此，自武德以来经21帝，289年的李唐王朝为梁王朱晃所灭，中国重新分裂。

同时河东、凤翔、淮南、川蜀仍奉唐正朔，抗拒（后）梁。河东沙陀李克用与朱温（后梁太祖）势不两立；川蜀王建与凤翔李茂贞相约联晋王李克用兵攻梁王。九月，王建在蜀称帝；淮南杨渥则拥兵坐观时局变化。而南方政权诸镇先后向后梁称臣接受册封，契丹也遣使与梁通如，唐灭后割据政权相继形成并展开混战。

宋行募兵制

宋代承袭唐代兵役制度，不论是北宋的禁兵、厢兵，还是南宋的屯驻大军，大都采用招募的办法，实行以募兵为主，募兵与征兵相结合的兵役制度。

宋代募兵的对象是流民和饥民，逢灾荒之年招募流民、饥民为兵，这是宋代的一项传统国策。饥年招兵的目的是防患于未然，避免饥民铤而走险，同时又将反抗的因素转化为维护封建统治的因素，一箭双雕。宋代募兵有一定的体格标准，身高是招募时的主要依据。还要考核被募者的跳跑能力和视力。所募士兵要在脸部或手部等处刺字，所以招募士兵往往称为"招刺"。这一制度又叫"黥兵制"，始于唐末，盛行于五代，其目的是防止士兵逃亡。宋代承此陋习，反映了士兵地位的极端低贱，此制度直到元灭南宋后才废除。

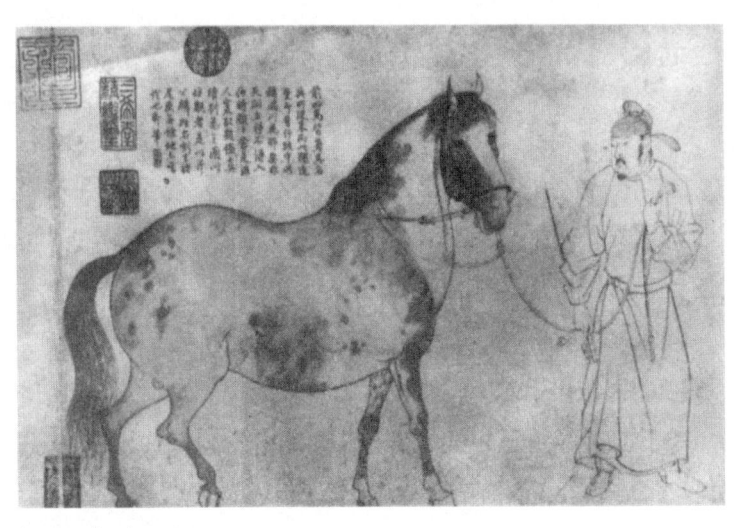

《五马图》，李公麟画。

在军情紧急、兵源枯竭的情况下，也实行强行征招，抓夫当兵的事例屡见不鲜，因此严格地说来，宋代的募兵制是不纯粹的。

募兵制的实行，一方面使军队更加专门化和职业化，有利于军队的训练、调遣和军队素质战斗力的提高；另一方面，使军事劳役赋税化，在相当大的程度上免除了农民的兵役负担，也部分地分担了农民的劳役负担，有利于农民维持正常的生活生产秩序。应该说，这是一种历史的进步。募兵制在宋代实行之初，也确实收到了良好的效果，但是随着历史的发展，这种制度的弊端也逐渐显露出来，主要有以下几个方面：一是战斗力不强。宋代在饥年所募士兵中，一些人素质低下，并且一旦应募为职业兵，便终身仰食官府，致使军中老弱士卒大量存在。另外，由于宋朝军政腐败，军队缺员情况十分严重。二是造成宋朝的财政危机。在募兵制下，一人当兵，就意味着全家享受朝廷军俸赡养。朝廷为了供养数目庞大而冗滥的常备军，每年财政收入的十之八九用来养兵，造成了旷日持久的财政危机，也加深了社会矛盾的激化。三是破坏了农业生产。宋代荒年招募饥民为兵，虽然稳定了社会秩序，但又使大批强壮劳动力脱离了生产第一线，影响了生产。

宋灭南唐·李煜去世

宋开宝八年（975年）十一月，宋将曹彬攻破江宁，南唐后主李煜率臣僚出降，割据江南的南唐政权被攻灭。

宋平定南汉后，南唐后主李煜为维护其统治，主动改国号为"江南"，减损编制，对宋称臣。而暗中却招兵买马，积蓄势力，积极备战。宋太祖早有所察觉。开宝七年九月，宋太祖派曹彬等率兵赴荆南，准备伐南唐，因师出无名，命人招李煜入朝。李煜便称病不去。

宋以李煜拒命不朝为借口，发兵分路进攻南唐。南唐军队不战自溃，主将朱令斌慌忙间投火自尽。

李煜身陷孤城，又无援兵，只得再派徐铉、周惟简出使汴京，向宋求和。宋太祖在便殿召见了使者，徐铉道："李煜因病不朝，不是敢违抗圣旨，请罢兵以拯救一邦之命。"太祖道："朕已晓谕将帅，不得妄杀一人。"徐铉还要辩解，太祖大怒，拔剑道："休要多言！江南有什么大罪，但天下一家，卧榻之侧，岂容他人鼾睡！"徐铉慌忙退下。太祖又责问周惟简，周惟简道："臣本隐居山野，不愿奔波仕途，李煜硬逼臣来。"太祖遂厚赐二人，遣归江南。

宋军攻陷了江南诸州，唯剩江宁一座孤城，曹彬几次派人督促李煜出降，李煜为左右所惑，犹豫不决。后来大军攻入城中，曹彬将李煜及一批南唐重臣四十余人押回汴京。南唐政权结束。

太平兴国三年（978年），做了三年阶下之囚的南唐后主李煜心怀故国，忧愤而死，年仅42岁。

辽宋军大战于高梁河和满城

太平兴国四年（979年），宋太宗平定北汉之后，转兵攻辽，企图乘辽不备，将石敬塘割让给辽的幽云十六州一举攻取。

六月，宋太宗亲率数十万大军，自镇州北上攻辽。辽急派北院大王耶律奚底统军来战，宋军在沙河与辽军接战。辽军大败，宋军乘胜追击，一直打到幽州城下。幽州即今北京，当时为辽南京都府。宋军围住幽州城，暗中挖掘地道，又四面猛攻，但都被辽军击退。宋太宗无法，只得屯兵于坚城之下。辽景宗耶律贤得知幽州被围，急命宰相耶律沙与耶律休哥率援兵来救。辽宰相耶律沙率援军先到，与宋军战于高梁河畔，被宋军击败。

当晚，耶律休哥率后军抄小道赶到，立即与耶律沙及辽南院大王耶律斜轸合军一处，分成左右两翼。辽军汇合之后，力量甚强，分左右夹击宋军，宋军疲于应付。辽幽州守军听到援军到了，也大开城门，率队出击。宋军三面受敌，顿时大乱，溃不成军，万余人战死。宋太宗中了流矢，坐上一辆驴车向南奔逃。耶律休哥率精锐骑兵乘胜追击，一直追到涿州城下，缴获兵杖、符印、粮食、货币多得不可计数。

高梁河之战后，宋军被迫退守瓦桥关南、定州、镇州一带。辽景宗为报围燕之仇，于太平兴国九年（984年）四月派兵南下，进攻宋朝。

辽燕王韩匡嗣统率耶律沙、耶律休哥等各部10万大军，南下攻宋。一路挥师直进，到达满城西，集结兵力，准备向镇州发动进攻。宋镇州守将刘延

宋军中下属军官佩带的铜牌，用来表明身份。

翰在徐河设阵待敌，此外，瓦桥关南守将崔彦进率兵在辽军侧背秘密迂回，以图夹击。定州、镇州两军守将都率部到达满城，按照太宗所授阵图，将军士列为8阵，准备迎战。

辽军大举进攻，宋将登高而望，见辽兵漫山遍野，潮水般卷来，欲按太宗所授图布阵，阵相距不到百步，将士都疑心重重，斗志松懈。镇州都监李继隆见状，主张变阵图，改8阵为2阵，得到诸将的支持。宋军略施一计，派使到辽营诈降。辽大将耶律休哥认为宋军严整有序，并非真降，劝燕王严兵以待。韩匡嗣不听。宋军乘机从三面向辽军发起攻势，韩匡嗣猝不及防，全军溃乱，纷纷回逃。宋军乘胜追击，斩首万余，获马匹上千，得到兵器、羊畜等不计其数。辽景宗大怒，列举了韩匡嗣五条罪状，从重发落。满城之战，宋军获全胜。

宋太宗时"神卫左第四军第二指挥第五都记"

铜印，用来控制军队、处理公务。

王安石主张"文章合用世"

王安石（1021年—1086年），字介甫，号半山，抚州临川（今江西临川）人，北宋著名的政治家、文学家，唐宋八大家之一。

作为一个有抱负的大政治家，王安石一生致力于变法革新的政治理想，其文学主张亦带有明显的政治功利目的。他曾抨击西昆派文人"杨刘以其文词染当世"，并积极投身于欧阳修倡导的北宋诗文革新运动。随着变法思想的形成，他的文学观更明确地强调经世致用，其核心即"文章合用世"（《送董传》）。他认为"文者，务为有补于世用而已矣；所谓辞者，犹器之有刻镂绘画也。诚使巧且华，不必适用；诚使适用，亦不必巧且华。要之以适用为本……"（《上人书》）在他看来，"适用"乃是作文的前提，文采、形式是次要的，物器能用即可，不必太过花俏。他的文学实践充分体现了这些理论。其中以文章的影响和成就最大，卓立于唐宋八大家之列。

政论性散文在王安石的文章中占了很大比重。这些作品，大都针对时弊，以议论说理、驳难辨析见长。如《本朝百年无事劄子》，系统地分析了北宋百年以来的政治情况，希望神宗能革除"因循末俗之弊"，表现了他对社会现实的关心和刚毅果断的政治家风度。又如著名的《答司马谏议书》，言简意赅地剖析了司马光对新法的责难，措词坚决而又委婉，政治态度鲜明。还有《读孟尝君传》，从历史实际的客观分析出发，指出鸡鸣狗盗之徒出其门正是孟尝君不能得士的明证，以新颖独到的见解驳斥了孟尝君善养士的传统观念。这些政论文见识高远，组织严密，析理精微，辞锋锐利，富于鼓动性，充分体现了王安石作为政治家的气魄和眼光。这些文章往往以短小精悍取胜，行文"简而能庄"。《答司马谏议书》以300多字驳斥了司马迁3000多字的指责，文章"劲悍廉厉无枝叶"。《读孟尝君传》全文不满百字，却波澜起伏，跌宕生姿，清人沈德潜评价该文："语语转，字字紧，千秋绝调"，是古来短文中的名篇。

王安石的记叙文亦很有特色。他早年宦游州县时，写过不少记叙性散文，多属意于借端说理、载道见志，而不重写景状物、铺陈点染。如他的游记名篇《游褒禅山记》，以兴叹为主，记游为辅，表明他因游而悟的治学道理。

王安石为文早年主要师法孟子和韩愈，后得欧阳修指点，兼取韩非的峭厉、荀子的富丽和扬雄的简古，融会贯通，形成气雄词峻、峭刻幽远而又朴素无华的独特风格。虽然议论过多在记叙性文章中有时影响了形象性，且文采不足，但王安石的文章在宋代仍不失为第一流的作品，不仅对后人影响很大，即使当时在政治上反对他的人，亦推崇他的文学成就。

宋夏永乐城大战

元丰五年（1082年）九月，宋夏爆发永乐城之战，宋军大败。

去年（1081年）宋将种谔攻取西夏银（今陕西米脂西北）、夏（今内蒙古乌审旗南白城子）、宥（今陕西靖边西北的内蒙古境）3州，欲进而夺取整个横山地区，进逼西夏都城兴庆府（今宁夏银川），但所取之地未留兵防守。今年徐禧建议，在银州东南25里险要之地构筑永乐城（今陕西米脂西），宋神宗立即表示同意。经过一个月的准备工作，徐禧、李舜举、沈括等征发延州蕃、汉十余军，共计八万余人，分成三队，浩浩荡荡向永乐城进发。徐禧等人到达永乐城后，迅速修筑城池，西夏军队屡次前来阻扰宋军的筑城工作，均被击退。永乐城修筑完毕后，徐禧、沈括带领八千宋军返回了延州米脂城。筑城成功的消息传入京城，宋神宗十分高兴，赐永乐城名为银川寨。本月，城成。因为永乐城处于十分重要的战略位置上，因而西夏无论如何也要夺回永乐城。西夏集中三十万军队围攻永乐城，由大将叶悖麻负责指挥。等到西夏军队布阵以后，徐禧才发动攻击。永乐城中缺水断粮，兵无斗志，西夏将士全力攻城，城终被攻破。徐禧、李舜举、李稷、高永能等战死，曲珍、李浦、吕整等将领突围逃跑。

宋夏爆发平夏城之战

宋军多次挫败西夏在边境地区的军事挑衅。元符元年（1098年）十月，西夏复扰平夏城，宋军奋起御敌，大捷。此后，宋军增强边防力量，西夏惧而请和。

西夏在边境的骚扰自宋哲宗继位后从未停止过。绍圣三年（1096年），宋廷接受章惇建议，对夏采取强硬政策，停止与之分割地界，并渐绝岁赐。

次年（1097年），夏人扰绥德，侵麟州，又至葭芦城，结果为宋将击退，并反攻入夏边境，破洪州，入盐州及宥州。又依地势筑起平夏城（今宁夏同心南）和灵平砦（今宁夏固原北），以扼制西夏。不久，又命西北沿边诸路于要害处，修筑堡砦50多所，逐步完成对西夏步步进逼的态势。

至宋元符元年（1098年）十月，两国之间的一场大战不可避免地爆发了。西夏以数十万之众包围平夏城，猛攻十余日，不果退却。宋泾原经略使案遣折可适、郭成率轻骑夜袭，结果大胜西夏军，擒夏将鬼名阿埋、妹勒都逋。西夏上下大为震恐。

接着，宋军乘胜进筑西安州（今宁夏海原西）和天都砦（今宁夏海原南），夺取天都山、横山，构成对西夏的严重威胁。元符二年（1099年）二月，夏国遣使向宋谢罪，宋不受，又在神堆（今陕西米脂西）大败夏兵。西夏转而向辽求助，辽朝从中斡旋，宋廷终于同意其请和，西夏进誓表与宋约和。

宋夏庆历和议成

宋庆历四年（1044年），宋、夏最后达成和议。

康定元年（1040年）至庆历二年（1042年）间，西夏连续对宋发动了3次大规模的战事，宋朝每次都遭到惨败。宋在屡败之余虽表示要整军决战，但实际上仍希望能与西夏言和。西夏虽屡胜，但掳掠所获却抵偿不了战争中的消耗，与先前依照和约及通过榷场贸易所得物资相比，实在是得不偿失。此外，由于民间贸易中断，使得西夏百姓"饮无茶，衣昂贵"，怨声载道；加上西夏与辽之间又出现了嫌隙，所以西夏也愿意议和。庆历二年六月，元昊派教练使李文贵前往宋朝议和。至庆历三年正月，宋朝政府才将李文贵遣返西夏，同时宋仁宗还命令庞籍接受西夏的议和建议，并将议和的全权交给庞籍。庞籍找来西夏使者李文贵，对他晓以大义利害，李文贵将与庞籍的谈话内容如实地转达给了元昊，元昊随即又派李文贵带着野利旺荣的信件前往宋朝谈判议和的条件。宋仁宗接到庞籍的报告后，大喜过望，急忙下令请李文贵、王嵩等与庞籍进行谈判。

西夏壁画《西夏王供养像》

庆历四年（1044年），宋朝与西夏最后达成协议。和约规定：夏取消帝号，名义上向宋称臣；宋夏战争中双方所掳掠的将校、士兵、民户不再归还对方；从此以后，如双方边境之民逃往对方领土，都不能派兵追击，双方互相归还逃人；宋夏战争中西夏所占领的宋朝领土栲栳、镰刀、南安、承平等地以及其他边境蕃汉居住区一律从中间划界，双方在本国领土上可以自由建立城堡；宋朝每年赐给西夏银5万两，绢13万匹，茶2万斤；另外，每年还在各种节日赐给夏银2万2000两，绢2万3000匹，茶1万斤。宋仁宋同意了元昊所提出的要求，于是宋夏正式达成和议。

庆历和议达成后，元昊多次派遣使者到宋朝，请求宋朝开放边境地区的互市。庆历五年，宋朝政府决定在保安军（今陕西志丹）和镇戎军（今宁夏固原）的安平皆设置两处榷场，恢复了双方贸易往来。

宋徽宗让位于钦宗

金军分东西两路侵宋，西路军很快向太原进逼，东路军以郭药师为先锋继续南侵。消息传到开封，北宋君臣慌作一团，宋徽宗又一次假意下诏罪己，并罢免了镇压方腊起义后又恢复起来的花石纲，罢除和裁减了大晟府、行幸局、教坊、艮岳宫处专门为徽宗恣意取乐服务的官吏，以此号召各地官兵和百姓起兵勤王，抵抗金兵南侵。

为了便于逃跑，他任命皇太子赵桓为开封牧，想让儿子以监国的名义替他抵挡金兵，自己保持皇位向金陵（今江苏南京）逃命。这时，东路金兵已绕过中山府（今河北定县）南下，离开封只有十天路程。因此，吴敏要求徽宗在三天内禅位，以便让新皇帝能组织军民抗金。徽宗为了能逃命，只好同意退位。

宣和七年（1125年）十二

宋徽宗赵佶

宣抚处置使司随军审计司印

月二十三日，他假装得病，跌倒地下，昏迷不醒，大臣们急忙灌药后，又装着苏醒过来，伸手索纸，用左手写了"皇太子可即皇帝位"等一行字，正式宣布退位。

宋宣和七年（1125年）十二月二十三日，宋徽宗宣布退位，由皇太子赵桓即皇帝位。桓，徽宗长子，母为恭显皇后王氏，元符三年（1101年）生，次年封京兆郡王，大观二年（1108年）进封定王，政和五年（1115年）立为皇太子。钦宗即位后，根据徽宗的旨意，尊徽宗为教主道君皇帝，尊为太上皇，居龙德宫。

宋高宗变革兵制

宋高宗建炎年间（1127年—1130年），南宋兵制有了变革，与北宋兵制有所不同。

靖康元年（1126年），康王赵构被钦宗任命为兵马大元帅，所辖兵力只有1万人，分前、右、左、中、后五军，这是南宋重新组编军队之始。康王即帝位之后，由汪伯彦和宗泽分别率领的两支队伍，成为南宋重新组军的骨干力量。李纲任相后，曾提出一个重新"团结新军"的方案，未能付诸实施，但是，却表明原有北宋禁兵的各种番号和编制，已无恢复的可能与必要。高宗建炎年间，作为南宋军的主力，大致有三支：一是御营军，二是宗泽的东京留守司军，三是陕西军。

高宗即位之后，就闲置了北宋的枢密院和三衙，另外设置御营司，由宰相和执政兼任御营使和副使，其下设都统制，统管御营军。御营军初分为五军，后分而为三：刘光世的御营副使军，韩世忠的御前左军和张俊的御前右军。这三支部队实际上独立成军，御营司直属部队并不多，权限大为削弱。建炎四年（1130年），南宋朝廷取消事实上已无实权的御营司，将御前军、御营军分别改为神武军、神武副军，统归枢密院领导，从而恢复了北宋枢密院管军旧体制。宗泽的东京留守军号称百万，是建炎初年南宋的主要抗金力量，而吴玠率领的川陕军在抗金战争中力量也不断发展壮大。建炎年间，战乱连绵，兵无定制，除上述诸军外，还有独立的镇抚司军。宋廷曾出于权宜之计，任命了二三十名镇抚使，但到后来其建制全部取消。

隆兴和议既成

张浚主持的北伐失败后，南宋朝廷准备与金议和。

隆兴元年（1163年）、金大定三年七月，宋因和议撤了海州的戍兵，派魏胜知楚州（今江苏淮安），负责守卫清河口。魏胜用沉船、巨石、大木榝塞十八里口和淮渡舟路，屯兵在淮渡南岸和运河之间。当时宋金和议未决，金军趁宋边备松懈，大举南下。十月，金军分道渡淮，十一月，击败宋渡口守军和清河口援军，夺得十八里口。最后，淮东安抚使、都统制刘宝怕妨碍议和，又以为决无战争，不发援兵，以致魏胜战死，宋失楚等十州。

就在金军渡淮深入宋境之际，朝臣纷纷上书反对和议，指责汤思退等人一意议和、自废边备，使金军乘虚南下，纵敌误国。十一月，汤思退被罢相，责居永州（今湖南零陵）。不久，太学生张观等72人伏阙上书，请斩汤思退等奸臣，以谢天下，思退因王之望的救解而免于死罪。

隆兴二年（1164年），金大定四年闰十一月，经过几年的战争和外交努力，宋金双方终于就和平条件达成一致意见。主要条款为：双方世为叔侄之国，宋帝正皇帝之称，不再向金称臣；改岁贡为岁币，宋每年给金白银20万两、绢20万匹；宋放弃商（今陕西商县）、秦（今甘肃天水）等六州，两国疆界还以绍兴和议为准；不遣返叛亡之人。这就是隆兴和议，以后，宋金双方保持了四十年的和平关系。

隆兴和议既成，宋廷就开始裁定内外大军的兵额。乾道元年（1165年）七月，定殿前司兵额为73000人。二年正月，定马军司兵额为28000人（六年正月增至3万），步军司为21000人。

后来，又陆续裁各地兵员。到乾道末年，宋内外军总数为40余万，每年军费需8000多万缗钱。

禅宗开始东渡

南宋时代,禅宗在中国已经进入全盛时期,江南五山十刹得到政府的提倡,全成禅寺。荣西是日本禅宗的开山祖师。1169年,他第一次到明州参拜天台山和阿音王山,带回天台宗的新章疏和茶籽。1187年—1191年,荣西第二次到明州,向天台山万年寺的虚庵怀敞学禅,怀敞移居天童山后,他也随往继承法统,宋孝宗封他为千光法师。回国以后,他将禅宗的临济宗在日本传扬,著成《兴禅护国论》,开始脱离天台宗,提倡修禅护国,宣扬"见性成佛"、"不立文字"等,切合武士的口味,得到当时的镰仓幕府的大力支持,在日本全国迅速传播开来。荣西在博多修建圣福寺,在镰仓修建寿福寺,在京都创建建仁寺,给当时正期待变革的日本佛教以强烈的刺激,在日本掀起一股学习禅宗的风气。

至13世纪,中国也有禅僧到达日本,传播禅宗。1246年,阳山兰溪道隆来到日本,成为镰仓禅宗道场的开创者。1248年12月,他又应幕府执政北条时赖的邀请,在镰仓粟船常乐寺开讲禅学。1253年,北条时赖建成"建长寺",从此日本才有了独立的禅寺,不再和天台、真言寺庙相混。禅宗在幕府的保护下,

南宋观音菩萨坐像

也不再受天台、真言宗的排斥。道隆东渡,为日本禅宗奠定了基础。此后,执政北条时宗特地从明州天童山请来无学祖元主持镰仓建长寺。1282年镰仓圆觉寺建成之后,祖元成为开山祖。北条时宗等许多镰仓武士都跟从祖元学禅。据说在1281年元兵大举进攻博多时,祖元鼓励镰仓武士发扬勇猛精神,北条时宗更是临危不惧,继续参禅不止。禅宗从此在日本落地生根,使得武士道中增添了视死如归、死生本一的精神。

  禅宗的传播,对日本的建筑、工艺和社会习俗等方面都产生了深远的影响。在建筑上,输入天竺式和唐式两种式样,改变了日本原有的建筑模式。中国的陶瓷、丝织工艺也借禅宗的传播在日本得到了发展。荣西到中国后,将茶种带回日本,提倡种茶、喝茶,后来发展起独具民族精神的日本茶文化。

宋北伐金国失败

宋开禧二年（1206年），韩侂胄发动了对金战争，宋军不宣而战，攻取了金泗州两城、新息县等地。五月七日，宋宁宗正式下诏伐金。

金朝初期采取守势，在宿州、寿州等地击退了宋军的进攻。十月，平章政事督兵伐宋，开始了全面反攻，整个宋金边界都拉开战事。金军分九路进攻，很快将宋军打退，在月底，渡过淮河，围攻楚州。金兵两万人在楚州城下，列屯六十里。宋镇江副都统毕再遇率军连夜袭击金军的后方淮阴，在楚州坚守城池，跟金兵对峙。经过六合之战，金兵后退，毕再遇率军分路出击围困楚州的金军，金军看到形势不利，引军撤退，长达三个月的楚州之围得以解除。

十一、十二月间，金军又大举进攻，首先攻陷枣阳军、光华军、随州，又将襄阳府、德安府团团围住。金军主帅仆散揆也渡过淮河，占领了南丰军等地，进攻合肥。形势对宋极为不利。接着，宋滁州、真州等地也相继失落，金军乘胜进攻，宋军纷纷败退。在紧急关头，西线的宋军主帅吴曦密谋降金，按兵不动，为金军南进创造了有利条件。十二月，金朝封吴曦为蜀王，吴曦在兴州（今陕西略阳）称王，将关外四州拱手献给金朝。吴曦称王四十一天后被部将杀死，但宋军此时已经元气大伤。

韩侂胄被迫向金请和。金朝虽然也无力再战，仍然提出"称臣、割地、献首祸之臣"三个苛刻条件。韩侂胄断然拒绝，积极动员，准备再战。朝中主和派坚决反对，礼部上郎史弥远和杨皇后勾结，发动政变，在十一月三日将韩侂胄杀死。嘉定元年（1208年）六月，宋朝将韩侂胄的首级送到金朝，按照金朝的要求，双方又重订和约。开禧北伐彻底失败。

宋独尊朱学

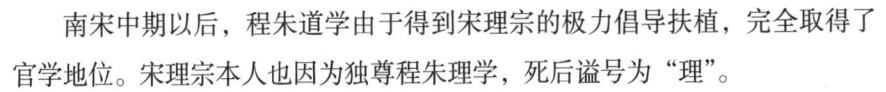

南宋中期以后，程朱道学由于得到宋理宗的极力倡导扶植，完全取得了官学地位。宋理宗本人也因为独尊程朱理学，死后谥号为"理"。

南宋中期，程朱道学体系形成。但在孝宗和宁宗前期，由于朝中权贵对朱熹进行排挤，道学不被皇帝赏识，从庆元到嘉定的二十多年间，朝中大臣多次请求宋廷严禁道学，道学也就一直受到禁锢和压抑。因为开禧北伐失败，朝臣更替，史弥远执政等变故，为了制造舆论，开始提倡道学。儒学大师真德秀、魏了翁等人也以恢复程朱正学为己任。嘉定元年（1208年）九月，真德秀在朝廷上奏，说当务之急应当褒奖名节，表明好尚。宋宁宗采纳他的建议，为朱熹正名，并且追赐谥号文正公。接着，朱熹的《论语集注》和《孟子集注》成为官定读本。嘉定九年，魏了翁又上书请求皇帝追赐周敦颐等谥号。嘉定十三年，朝廷追周程谥号，周敦颐为元公，程颢为纯公，程颐为正公，张载为明公。这样一来，天下州郡纷纷给周程建造祠堂，程朱道学的思想统治地位基本上确立了。

宋理宗即位后，对道学更是推崇备至。宝庆三年（1227年），他下诏褒奖朱熹的《四书集注》，认为其发挥了圣贤的奥妙道理，有利于治国安邦，又特别追赠朱熹为太师，追封为信国公。理宗还撰写了《道统十三赞》，说伏羲、尧、舜、禹、孔子、孟子等十三人是一脉相承的道统，对他们大加赞扬。还亲自到太学，听祭酒等官员讲儒家经典，并且把《道统十三赞》送往国子监，让人宣读。理宗亲笔书写了朱熹订立的《白鹿洞学规》，颁赐太学。

从此，程朱道学成为封建王朝的统治思想。

宋于三学内立碑禁议国政

宝祐四年（1256年）冬，理宗下诏在三学内立碑，禁止学生"妄议国政"。理宗后期，权臣误国，邪气嚣张。朝中官员但求自保，多闭口不评政事。只有太学、武学、宗学诸生多次上书请愿，指陈时弊。

淳祐四年（1244年）九月，右丞相史嵩之父丧，按礼应守丧三年，朝廷却下诏马上恢复其相位。内外大臣无人敢言。太学生黄恺伯、金九万、孙翼凤等一百四十四人却大胆上书，指控史嵩之种种劣迹。接着，武学生、京学生、宗学生也纷纷上书。有的官僚主张开除鼓动诸上闹事的"游士"，理宗也觉得学生太过分了。但将作监、徐元杰对理宗说，正论是国家的元气，现在正论幸好还在学校，应当珍惜它。最后，史嵩之自知不为公论所容，只得离职守丧。淳祐十二年（1252年），武学生联名为一病故的学生求取棺木，临安府尹余晦却派人强行验尸，使尸体暴露两日。武学、太学、宗学学生伏阙上书抗议，并卷堂散去，举行罢课，终于迫使余晦辞职。在此前后，太学生又因为临安府不准使用青盖和皂盖，而群起控告府尹程覃。因宰相置之不理，太学生便把绫牒（学生证）放到崇仕堂，全部离开太学。理宗署免了程覃的官职，诸生才返回学斋复学。

宝祐四年（1256年）六月，权臣丁大全擅自调兵驱逐丞相董槐。太学生上书控告丁大全，理宗虽然觉得丁大全的行为不对，却也不满学生上书，就下诏宣布：朝臣的用废，权力是由皇帝掌握的，学校没有资格过问；学官应该劝告学生，要安下心来读书，完成学业。

董槐罢相后，丁大全更加专横。同年十一月，太学生陈宜中、刘黻等六人再次上书指责他。丁大全恼羞成怒，通过理宗下诏，严令学官遵循"祖宗学法"，亦在三学内立碑，严禁学生妄议国政。陈宜中等六名太学生被开除学籍，流放远州，被时人称为"六君子"。

蒙古政治汉化

中统以后，为维护蒙古在中原的统治，忽必烈在政治上实行了一系列汉化措施。

中统元年（1260年）四月，忽必烈遵用汉法，在中央设立中书省总领全国政务，又置十路宣抚司为地方最高行政机构。派到各地行使中书省的职权，简称行省。至元二十年（1283年）前后，行省官员不再以中书省官系衔，行省也从都省派出机构演变为地方最高行政机构，成为一级政区的名称。

中统元年忽必烈即位后，任命萨斯迦派法主八思巴为国师，统领天下释教。至元元年（1264年），又在中央置总制院，管辖全国佛教事务及吐蕃僧俗政务，由国师八思巴领院事（八思巴升号帝师后，就由帝师领院事）。至元二十五年（1288年），总制院改为宣政院。

南宋《雪景图》，有清旷高寒的境界。

蒙古国时期，蒙古是以札鲁忽赤（断事官）总司法行政事务。忽必烈即位后，将处理国家政务的权力移交给了新立的中书省，札鲁忽赤就成为专门的司法长官，于至元二年（1265年），设大宗正府为其官署。但大宗正府并非蒙古唯一的司法系统。各投下还设有自己的断事官，枢密院、金玉府、总制院（宣政院）等都自行处理各自的涉讼，终元之世，也没形成统一的司法系统。

为了纠察百官善恶，谏言政治得失，拘刷拾括、追理财赋，至元五年（1268年）七月，忽必烈设御使台；至元五年十一月，开始议定朝仪，整理百官姓名，各依班次，听通事舍人传呼赞引然后进，一改喧扰无序的原状；至元七年（1270年）正月，忽必烈设尚书省专管财赋。

南宋时，地方办学曾非常普遍。蒙古学习宋制，于至元七年（1270年）二月立社制，规定每社立学校一所，谓之社学，选择通晓经书者为师，农闲时令子弟入学。第二年，又开办了国子学，增置司业、博士、助教各一员，选随朝百官近侍蒙古，汉人子弟和俊秀者为生徒。

以上便是忽必烈即位后采取的一系列汉化措施，这些政治举措对稳定元朝的统治秩序起了重大作用。

伯颜大军渡江灭宋

至元十二年（1275年），伯颜大军渡过长江，至元十三年（1276年）南宋灭亡。

至元十一年（1274年）正月，阿术、阿里海牙等将领建议派兵大举攻宋，元世祖忽必烈看到时机成熟，于是召集大臣商议，决定派伯颜率军南下，直捣临安，对南宋实施毁灭性打击。为了使这次进攻能达到预期效果，忽必烈还特别下令，让中书省从别处抽调10万精兵，精选5万匹战马，用来补充南线元军。接着，忽必烈发布了征宋诏书，伯颜统率大军从襄阳南下，向南宋发动了攻势。

襄樊重镇早在至元十年（1273年）就被元军攻破，宋军防线出现缺口，伯颜所率大军从襄阳分路南下，几乎没有遇到任何抵抗，元军绕过南宋重兵驻守的郢州，直达长江北岸。至元十二年（1275年）正月，元军渡过长江，强攻鄂州，只3天就将鄂州占领，宋军闻风撤退，毫无斗志。伯颜让阿里海牙统兵40000镇守鄂州，自己率大军乘胜沿长江向东推进。元军跟宋军进行了一系列激烈的会战，南宋的城池接连陷落，宋朝廷十分恐慌。同年二月，权臣贾似道派使者到伯颜军中求和，遭到伯颜拒绝。于是，贾似道亲自率领宋军迎战，两军在丁家洲大战。宋军遭到元军大炮轰击，惊慌失措，溃败逃窜。元军乘机掩杀，宋军水陆主力几乎丧失殆尽。宋廷上下更不稳定。

丁家洲大战之后，忽必烈召伯颜北上，当面传授继续用兵的方案，决定由伯颜率主力攻临安，阿术分军攻扬州，阿里海牙、宋都䚟分别进攻湖南、江西。在元军的强大攻势下，南宋各地官吏丢印弃城、京师官员离职逃跑的现象日益普遍，南宋朝廷毫无办法。元军向临安一天天逼近。同年十一月，元军攻破了临安门户独松关，宋廷一片混乱，官员们都忙着处理后事。十二月，南宋又派使者到无锡去请求伯颜退兵讲和，但也是徒劳无益。元军一直开到皋亭山（今杭州东北），前锋到了临安的北关。文天祥、张世杰请求皇室和官员坐船下海，被陈宜中拒绝。接着，谢太后派监察御史杨应奎向伯颜呈交传国玉玺和降表，请求投降。伯颜接受，并召陈宜中商议投降事宜。陈宜中以为伯颜要将他除去，当晚逃到温州。谢太后只得派文天祥等人到元军营中接洽。文天祥还想保全宋王室，对伯颜说："北朝如果想要宋做属国，全军撤回才是上策，要是想把宋灭了，元军取胜也非易事。"伯颜看到文天祥举止不凡，便将他扣留下来。至元十三年（1276年）三月，伯颜进入临安，宣布受降诏书，然后将恭帝、皇太后、福王与芮等人押送到大都。南宋王朝至此名存实亡。

元世祖忽必烈去世

至元三十一年（1294年）四月，元世祖忽必烈去世，终年80岁。

忽必烈（1215年—1294年），元朝的创造者。拖雷之子，兄为宪宗蒙哥，弟有旭烈兀、阿里不哥。忽必烈为藩王时，就"思大有为于天下，廷藩府旧臣及四方文学之士问以治道"。蒙哥即汗位后，忽必烈总领漠南汉地军国庶事。元宪宗三年（1253年），受京兆封地；同年，受命远征灭大理国。元宪宗八年（1258年）朝廷兴师伐宋，忽必烈代总东路军，次年（1259年）九月，蒙哥病死于合州（今四川合川）。忽必烈得悉留守漠北的幼弟阿里不哥图谋自立为大汗，采纳儒士郝经建议，轻骑返燕京。次年（1260年）三月。即汗位

元世祖忽必烈狩猎图

于开平，建元中统，确立了"祖述变通"的建国方针。同年五月，阿里不哥也在和林称大汗。是年冬，忽必烈亲征和林，至元元年（1264年）始平。此间，忽必烈于中统三年（1262年）镇压了山东李璮的叛乱。至元八年（1271年），他取《易经》"大哉乾元"之义，建国号为大元。次年定都大都。至元十六年（1279年）消灭南宋，统一全国。此后，他接连派兵远征日本、安南、占城、缅甸和爪哇，均遭失败。同时，平定诸王海都和乃颜的叛乱，巩固了西北和东北边疆的统治。忽必烈在位35年期间，注意农桑，兴修水利，并建立了元代的行政、军事、赋税等制度，尤以行省制度影响深远。忽必烈对巩固和发展统一的多民族国家，促进民族文化与中外文化的交流作出了积极的贡献。

元仁宗即位整顿国务

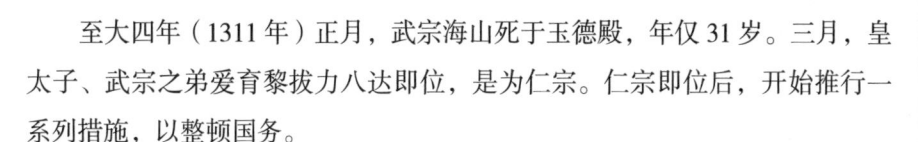

至大四年（1311年）正月，武宗海山死于玉德殿，年仅31岁。三月，皇太子、武宗之弟爱育黎拔力八达即位，是为仁宗。仁宗即位后，开始推行一系列措施，以整顿国务。

元从蒙古国开始，就形成较完备的驿站制度，原由各地管民官管理。世祖至元七年（1270年），设诸站都统领使司统一管理。十三年，改设通政院管理全国驿站事务。二十九年又在四省设立通政院，后撤销。至大四年（1311年）初，罢通政院。同年闰七月，仁宗在大都、上都复置通政院，专管蒙古驿站，汉地驿站由兵部管领，延祐七年（1320年），恢复世祖旧制，全国驿站由通政院掌管。

皇庆元年（1312年）正月，仁宗开始整顿军府。蒙古国时实行千户制度，军官分为万户、千户、百户、五十户等。统一全国后，在各地设万户府、千户所、百户所，并各有分等，如万户府分上、中、下3等，上等管军7000人，中等5000人，下等3000人。世祖以后，承平日久，各军府多不满员。仁宗为改变军府这种有名无实的状况，规定军不满5000人者，不得置万户府，严格建军标准。

延祐元年（1314年）十月，元廷在江南地区经理田赋（查实田产，追

爱育黎拔力八达（仁宗）像

纳税粮）。因江南富户、寺观大量侵占官民田产，田亩不清，赋役不均，政府财政收入受到影响，仁宗接受中书省平章政事章闾的建议，派员分赴各地经理。先张榜示民，限40日内以其家实有田产报于官。并许知情人举报，查出隐田一律没官，当事人或处罚，或流放。这次经理由于时间紧，而且官吏与富豪相互勾结，隐占田地，赋役不均的矛盾未能缓解，反而使矛盾激化，引起许多反抗朝廷的活动，元廷被迫迅速停止经理行动，因经理而增加的赋税，以后也陆续革除。

皇庆二年（1313年）十一月，还为选拔天下可用之才而开科举。一系列治国之举，使百姓安居，国家绝少战事。延祐七年（1320年）正月仁宗去世，年仅36岁。

朱元璋北伐

朱元璋为了彻底推翻元朝，乘红巾军刘福通北伐基本摧毁元主力军的有利时机，于至正二十七年（1367年）十月，下达了北伐的命令。同时，为了争取人心，还提出了非常有号召力的口号，北伐檄文提出："驱除胡虏，恢复中华，立纲陈纪，救济斯民。"并向蒙古人和色目人提出："有能知礼义愿为臣民者，与中夏之人抚养无异。"这个口号的提出对北伐的顺利进军起了很大的推动作用。

朱元璋命中书右丞相、信国公徐达为征讨大将军，中书平章政事、掌军国重事的常遇春为副将军，率军25万人，由淮河入黄河，北取中原。徐达军至淮安，便遣使招谕沂州王宣及其子王信。王信投降，吴王遣使授王信为江淮行省平章政事，其部下皆仍旧职，令其军马听徐达指挥。后来徐达占据沂州后，王信逃至山西，于是峄、莒、海州、日照、沂水等地皆来降。接着徐达又攻克寿光、临淄、高苑等地。山东诸州县尽为朱元璋军所占据。至正二十八年（1366年）二月，朱元璋的军队乘胜夺取河南。不到一月又克通州，元惠宗妥欢帖木尔只得携带家眷及宫廷官僚北走上都。八月二日，徐达师入大都，北伐取得了胜利，元朝灭亡。元顺帝逃到上都后，多次指挥军队反扑大都，均未成功，于洪武三年（1370年）在应昌病死，子爱猷识礼达腊继位，携残部退到塞外和林一带，史称北元。

朱元璋称帝建明

元至正二十八年（1368年）正月四日，朱元璋在应天（今南京）即皇帝位，定国号为"大明"，建元洪武，立马氏为皇后，朱标为太子，以李善长、徐达为左、右丞相，设官分职，封赏文武百官，开始了明王朝的统治。

同年闰七月，徐达率大军沿运河北上，下长芦，克青州、通州，元将也先自海口逃跑，二十八日，元顺帝携后妃、太子由居庸关北逃上都。八月二日，徐达师入大都。从1271年元世祖建国号以来统治中国98年之久的元朝，至此结束。

朱元璋在建立大明帝国之后，即着手肃清政治，整顿吏治，在经济、文化等方面都有很大举措。于洪武元年（1368年）八月，中书省奏定设吏、户、礼、兵、刑、工六部，部设尚书（正三品）、侍郎（正四品）、郎中（正五品）、员外郎（正六品）、主事（正七品）。并在奉天殿召见六部官，规定国家之事，总之者中书，分理者六部。积极劝课农桑，招贤纳士，明帝国初步建立并逐渐发展起来。

朱元璋一方面整饬吏治，发展恢复经济，一方面继续完成全国的

明太祖朱元璋像

统一。元朝灭亡后,各地割据政权还继续散存,朱元璋虽然握有河南、江浙和闽广,但统一全国的任务还十分艰巨:秦晋尚待平定,四川有夏明昇盘踞,云南为元梁王控制,东北有元丞相纳哈出拥兵驻金山,逃奔上都的元顺帝仍然保存着系统的政治机构和相当的军事力量。朱元璋采取了先西北,再西南,后东北的作战策略。

洪武元年(1368年)八月西征山西,败元将扩廓帖木儿,次年二月,攻打陕西,建西安府。洪武四年(1371年)正月,兵分两路进取四川,败夏明昇。洪武十五年(1382年)平定云南。二十年(1387年)进军东北,征服纳哈出,二十一年(1388年)四月,蓝玉袭破元嗣君脱古思帖木儿的精兵十多万人。从此,东北全境也纳入了明朝的版图。朱元璋称帝后,费时二十余年,终于完成了全国的统一大业。

大明帝国的建立,是朱元璋统一战争的结果,是统一战胜割据与分裂的产物,也是华夏文明的重建与发展。

定都北京

位于北京中轴线最北端的钟楼

永乐十八年（1420年）十一月，北京宫殿即将告成，钦天监奏明年五月一日为吉日，应御新殿受朝贺。朱棣决定迁都北京，诏示天下，并遣户部尚书夏原吉奉命昭皇太子及皇太孙，限期十二月底到北京。后又下诏，从次年正月起，将京师改为南京，北京为京师，设六部，去行在之称，并取南京各印信给京师诸衙门，另铸南京诸衙门印信，皆加"南京"二字。十二月，北京郊庙、宫殿落成。北京宫殿、郊庙的大规模营建是在永乐十四年（1416年），朱棣决意迁都之后开始的，经过四年的修建终于完成，改建的皇城比原城东移1里有余，奉天、华盖、谨身3殿，乾清、坤宁两宫及午门、西华、东华、玄武4门等，完全同于金陵旧制，只是比其更弘敞。又定于皇城东南建皇太孙宫，于东南门外东南建十王府邸，屋8350楹。永乐十九年（1421年）正月初一正式迁都北京，十一日大祀南郊，十五日大赦天下，从此北京就成了明王朝的都城。

官员服装实行"补子"

对官员服装实行"补子"制始于明初而终于清末。

在中国古代封建社会，官员的服装基本上有一定的规制以表示身份、职位等。于是，上层社会的官服作为权力的一种象征历来受到统治阶级的重视。明代对官员的服装进行改进，样式近似唐代圆领服而尺寸宽大，盘领右衽，两侧多出一块，称"摆"，衣料多用丝、纱、罗、绡，

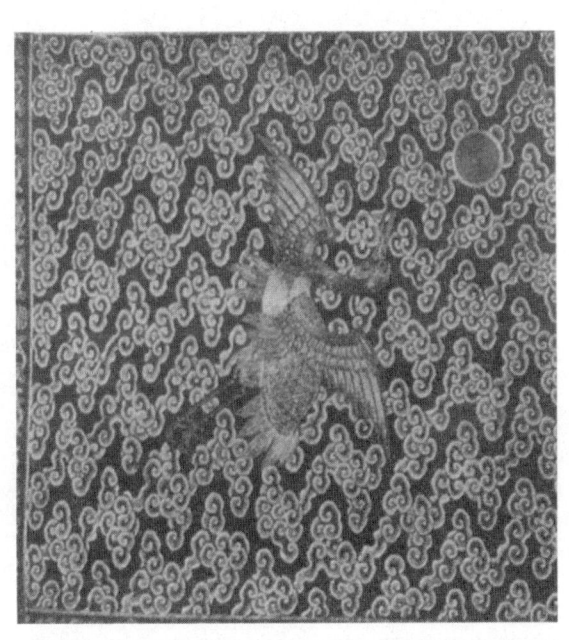

文官的补子

但颜色花纹有区别。其中最具特色的是对官员服装实行"补子"制度以表示品级，而有"补子"的服装便被称为"补服"。

"补子"是一块40-50厘米见方的绸料，织绣上不同纹样，再缝缀到官服上，胸背各一，其源于元代的胸背。"补子"图案一般文官用禽鸟纹，武官用走兽纹，各分九等，容易识别。在明代对"补子"品级图案的规定有一定的限制，但不太严格，一些舞、乐、工、史等杂职人员也可用杂邻、杂花"补子"，官眷、内臣还可用"应景补子"，如正月十五的"灯景补子"、五月的

武官补子纹样　　　　　　　　　　　文官补子纹样

"五毒艾虎补子"等。明代官员服装一至九品的"补子"纹样，文官分别为仙鹤、锦鸡、孔雀、云雁、白鹇、鹭鸶、黄鹂、鹌鹑等；武官分别为狮子、虎、豹、熊罴、彪、犀牛、海马等。明朝实行官员服装"补服"制，从而使官员之间等级明显，有利于统治阶级的正常管理。

八股文定型

八股文是明清科举制度所规定的一种应试文体，又称八比文、时文、四书文、制艺、制义等。

八股文源于唐代帖经墨义、宋代经义和元代八比法。明初对科举文体虽有要求，不过写法或偶或散无定规。到了成化年间，经王鏊、谢迁、章懋等人提倡，八股文逐渐形成比较严格的程式，定型下来。此后，一直沿用，由明前期直至清代戊戌变法，达400多年，随着科举制度停止而废除。

八股文要求文章必须有四段对偶排比的文字，共包括八股。全文由破题、承题、起讲、入手、起股、中股、后股、束股、大结等部分组成。"破题"两句，说破题目要义；"承题"用四、五句，承破题之意引申而言；"起讲"开始阐发议论；"入手"引入本题，为议论入手处；"起股"用四、五句或八、九句双行文字开始发议论；"中股"是全篇重点，必须尽情发挥；"后股"或推开，或垫衬，振

明代武人盔

明弘治年间阴刻绿龙碗

起全篇精神;"束股"回应、提醒全篇而加以收束;"大结"为结束语。

八股文还有其他规定:题目一定要用《四书》、《五经》的原文;内容的阐发必须以朱熹的《四书集注》等程朱学派注释为准,不得擅自生发,独出新论;字数也有规定,如明朝用《五经》义一道,500字;《四书》义一道,300字,超过者即不及格。

八股文严重束缚思想感情,文章寡而无味,但它是所有官私学校的必修课,唯一用途是应付考试,除此之外毫无价值。

明廷对西南推行"改土归流"政策

我国的西南地区,包括四川、云南、贵州和乌斯藏(即西藏),居住着苗、瑶、彝、傣、藏等民族,是明代边疆开发与建设的重点地区之一。这个地区与东北、西北一样,自古就是中国的边障。从元代开始,在西南建立了土司制度,以当地少数民族的领袖为土官土吏,俱由中央授以爵职,服从中央政府的领导,并向中央纳贡。这可以说是民族区域自治的一种形式。明王朝建立以后,在沿袭元代旧制的基础上,对土司制度进行了充实和改革。主要有:首先,专门设立土司的官署和官职。其名目有宣慰司、宣抚司、招抚司、安抚司、长官司,以及土知府、土知州、土知县。这些土司的官员,大多是各族大小首领世袭,但必须由中央政府任命批准,并发给委任状和印信。其次,对土司的控制进一步加强。中央政府除了征收土贡之外,还加征其赋税。而土司除有守御地方之责外,还要随时听从中央政府的调遣,接受地方行政长官的节制。

这些土官因为是世袭的,他们的割据性特别强,常常因争夺财产和土地而互相仇杀火并,反抗明朝政府。明政府在平定这些战乱后,在条件成熟的地方就裁撤土司,改设可以调任的"流官",这种办法称为"改土归流"。

永乐十一年(1413年)贵州思南、思州发生相互火并,明政府派兵平息,分其地为八府四川,设贵州布政使司,同时,对土官制度予以革新,"府以下参用土官",实行"流土合治"。进而由"流土合治"而实行"改土归流",废除土司,权归流官,推行与内地相同的地方行政制度。这是明政府边区政治体制的一次大变革。明统治者实行"改土归流"的目的,是为了便于对边区的直接统治。但在客观上却有利于边区地方经济的发展,对当时少数民族地区社会制度的转变,起到一种催化剂的作用。在明代,"改土归流"较大规模的只有两次。

但是,明朝政府在推行"改土归流"政策时,因少数民族上层分子的反抗,不断出现反复。明弘治八年(1495年)"改马湖府为流官知府",但以后迫于少数民族上层分子的捣乱,重又任用土官。嘉靖三年(1524年)马湖府两次归流,但结果是"流官再设而土夷随叛,杀人夺地比昔更甚",使得明政府只好改任土官为知府,恢复土司制度。土司制度不仅面向贵州、云南、四川,还推广于湖南、湖北以及广西等地少数民族聚居的地区。

"改土归流"政策比较彻底和大规模的推行,则是在清朝时期。

爨文刻铭。爨文是中国彝族先民使用的一种表意的单音节文字。图为贵州省大方县发现的明成化二十一年的铜钟,钟面有铸爨、汉两种文字,是现存最早的爨文文献。

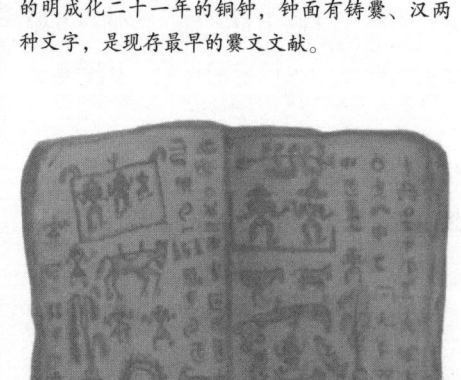

爨文

严嵩误国造成庚戌之变

严嵩当权之际,边患严重。嘉靖二十九年(1550年)六月,鞑靼部俺答率军进犯大同,杀总兵张达和副总兵林椿。咸宁侯仇鸾贿赂严嵩之子严世藩,被任命为大同总兵官。八月,俺答又率兵窥视大同,仇鸾惶恐不已,竟采纳幕僚时义、侯荣的建议,贿赂俺答,求其移寇他镇,不要入侵大同。俺答受重赂后东犯蓟州。兵部尚书丁汝夔仓皇调派边兵12000骑和京营兵24000骑分守宣、蓟等关隘。八月十六日,俺答军由潮河川南下进攻古北口,明军无力抵抗,一败涂地。鞑靼兵大肆掠夺怀柔,围攻顺义,并长驱南下至通州,驻白河东孤山,分掠昌平、三河,劫掠不可胜数,并直抵北京城下,侵犯诸帝陵寝,搜掠附近村落居民,焚烧庐舍。不久又自通州渡河西向分剽西山、黄村等地。明世宗下令京师戒严,各镇勤王。丁汝夔急忙部署守军兵力,一查册籍方知禁军仅有四五万人,且多数是老弱之兵,还有多数士兵在大臣家拱卫,不得已命仇鸾驰援京城。仇鸾率大同兵两万骑驻扎通州河西。保定巡抚副都御史杨守谦率5000骑兵,延绥副将朱楫率3000骑兵亦赶往京师。不久,河间、宜府、山西、辽阳等地援兵共50000人亦云集北京。明世宗宠信仇鸾,封他为平虏大将军,节制诸路军马,又赐袭衣玉带银两,并赐封记,谕曰:"朕所重唯卿一人,得密启奏进。"还任命杨守谦为兵部右侍郎,协同提督内外军事。丁汝夔问首辅严嵩退敌之计。严嵩害怕出战失利,称"塞上败或可掩也,失利辇下,帝无不知,谁执其咎?寇饱自去耳。"丁汝夔会意,戒令诸将不要轻举妄动。仇鸾到东直门观望,并斩死人首级冒功。杨守谦孤军进逼俺答营寨,但见无后援不敢进攻。勤王各军以丁汝夔和杨守谦为辞,坚守营寨,不发一矢,任由俺答兵在城外自由焚掠8天。九月,俺答兵剽掠大量金银财物、牲口和人口后由白羊口（今北京延庆西南）转张家、古北等地从容退走。仇鸾奉命追击但被击败，最后杀死80多位平民，割了他们的首级冒充敌军报功。由于许多得宠太监园宅位于城外，都受到俺答兵的焚掠，太监们泣告明世宗，称俺答大肆劫掠都是由于将帅受制于文臣所致，要求惩治失职者。明世宗指责杨守谦"拥众自全"，失误军机，八月二十六日将其斩于西市。杨守谦临刑前感叹地说："臣以勤王反获罪，谗贼之口实蔽圣聪。皇天后土知臣此心，死何恨？"丁汝夔也被捕入狱，向严嵩求救。严嵩说："我在，必不令公死。"但为了保全自己和包庇党羽大将仇鸾，不敢向明世宗求情，致使丁汝夔以守备不设之罪也在八月二十六日斩于西市，其妻流放三千里，子远戍铁岭。由于这一年是庚戌年，史称"庚戌之变"，充分暴露了严嵩当权误国和明政府腐败无能。

倭患日烈·昏官祭海

自浙江巡抚朱纨抗倭招祸自杀后，倭患愈演愈烈。

嘉靖三十一年（1552年）四月二十四日，有"五峰船主"之称的海盗王直派部下大头目徐海、陈东、萧显、麻叶等人，引导倭寇一万多人，驾船一千多艘，从浙江舟山、象山县等处登岸，劫掠台州、温州、宁波、绍兴，攻城略寨，杀掳居民，抢劫财物，浙东、浙西、江南、江北同时告警。五月，倭寇又攻陷黄岩县。七月二十二日，明世宗采纳给事中王国桢、御史朱瑞登复设都御史的意见，命山东巡抚、右佥都御史王忬提督军务，巡视浙江，兼

《浙江濒海地图》从中可看出明政府在沿海设置卫所，修筑堡垒，以防倭寇侵扰。

辖福建福（州）、兴（化）、漳（州）、泉（州）诸府。王忬赴任后，即任用参将俞大猷、汤克宽等统领诸将整饬战备，布列沿海各镇堡，严加防倭，抗击倭寇。嘉靖三十二年（1553年），倭寇又大举进犯东南沿海。闰三月二十八日，王直勾引倭寇，出动战船百余艘，在浙江台州、宁波、嘉兴、湖州、苏州、松江、淮北等滨海数千里地区内大肆屠杀劫财，并掳掠人口，"男则导行，战则令前驱"，所掳妇女，"昼则缫丝，夜则聚而淫之"。沿海海盗乘机身着倭服，悬挂倭旗，四出抢掠。"凶徒、逸闪、罢吏、黠僧及衣冠失职，书生不得志，群不逞者皆为倭奸细，为之向导。"真倭不过十分之三，从倭竟达十分之七。倭寇气焰嚣张，继闰三月二十九日攻破浙江昌国卫后，四月又侵犯太仓、巨浦、平湖、海盐、海宁、上海、江阴等地，奸淫掳掠，无恶不作。六月，温、台、宁、绍、杭、嘉、湖、苏、扬、淮十府各州、县、卫、所被倭寇焚掠共二十多处。十一月，倭寇又进犯抢劫常熟、上海、嘉定。明军虽作抵抗，但未能有效阻止倭寇作乱。

嘉靖三十三年（1554年），倭寇每月都兴兵侵犯沿海地区，大肆劫掠。正月掠苏州、松州各州县，占据南沙长达五月；二月再犯松江府；三月北攻通州、泰州，焚烧各地盐场，山东震动；同时再犯宁波普陀山；四月再犯嘉兴、通州，攻陷嘉善、崇明等地，大败明军于孟宗堰；五月劫掠苏州昆山县；六月转掠嘉兴，大败明军都指挥夏光部；七月流劫嘉善；八月进犯嘉定县城，在采淘港大败明军；九月侵犯海门县；十月占领拓林等地；十一月分兵劫掠嘉兴、湖州二府；十二月又焚掠秀水、归安、嘉善。嘉靖三十四年（1555年）正月，徐海勾结萨摩、肥前等地倭寇又犯浙江，攻陷巨浦、海宁、崇德、德清，围攻杭州，"数十里外，血流成川。"

鉴于倭寇屡犯江南沿海，二月十五日，工部右侍郎赵文华继巡抚应天都御史周琉一周前上疏言御倭十难三策后，上疏明世宗论防倭七事，迎合皇上崇信道教的心理，提出应派官员到江南祭海神和督视江南军情。明世宗听信严嵩之言，于二月二十一日命赵文华祭告海神并视察江南抗倭军情。时人指斥朝廷遣官祭告海神"颠倒是非"，劳民伤财，扰乱地方。

明神宗三大战役进行

自明神宗万历二十年（1592年）起，不到10年时间，一共打了三场大战役，即：宁夏战役、朝鲜战役和播州战役。

万历二十年（1592年）二月，宁夏致仕的副总兵哱拜起兵反叛，拉开了宁夏战役的序幕。哱拜，原为鞑靼人，嘉靖中降明，屡立战功，官至指挥使。因不满宁夏巡抚党馨的裁抑，以不如数发给冬布衣及月粮银为借口，唆使其子承恩及部属起兵反叛，杀巡抚都御史党馨及副使石继芳，占据城亘，与鞑靼相勾结。四月，朝廷任命李如松为提督，辖陕西军务讨伐哱拜，同时，又派辽东、宣大、山西援军到宁夏，归李如松指挥，宁夏巡抚朱正色、甘肃巡抚叶梦熊也加入讨伐叛军之战。七月，明军水攻宁夏城，李如松斩首16人，生擒1人。城内饥荒，士食马匹，民食树皮、败靴，城内民众拥请招安。九月，参将杨文提的浙兵及苗兵、庄浪兵赶到汇合，攻破宁夏城，哱拜仓皇自缢及放火自焚，被部卒从火中斩首。宁夏叛乱终于平息。

同年五月，日本关白（宰相）丰臣秀吉派水陆军20余万，以小西行长为先锋，偷渡朝鲜海峡，迅速攻占釜山、王京（汉城），直逼平壤。朝鲜国王李昖向明朝求援。明廷认为，日本侵朝，意在中国，便派祖承训为副总兵，率师援朝。七月，祖承训部3000余人与日军在平壤相遇，不敌败退。十月，明廷令李如松提

建于明万历十九年（1591）的陕西三原县龙桥

督蓟、辽东、保定、山东军务,任防海御倭总兵官。十二月,李如松率兵7万东渡入朝。万历二十一年(1593年)正月,李如松收复平壤,歼敌万余人,取得援朝首次大捷。二月,焚毁日军粮仓粟食数十万。四月,日军因缺粮而退出王京,明军入城,并追击日军至釜山。五月,四川参将刘挺以副总兵衔率援军4000到达朝鲜,出乌岭,屯大邱、忠

明代竹节炮。突起的节加固了炮身,美观实用。

州,布兵釜山海口。六月,日军派小西为使请和。七月,李如松归国。十二月,中日和议成约,朝鲜之役结束。

万历二十二年(1594年)十月,邢玠征讨播州杨应龙。杨应龙,万历十八年(1590年)因其祖杨烈军功,封为都指挥使。因多行不义,二十年十二月被弹劾,本应论斩,杨应龙献金自赎。二十二年十月在播州反叛,南京兵部侍郎邢玠奉命总署川贵军务,征讨杨应龙。次年五月,邢玠抵达重庆,杨应龙故伎重施,以出4万两黄金资助采木为条件而获开释,但仍被革职,由其子杨朝栋理宣慰司事务。二十四年(1596年)七月,杨应龙再次反叛,攻陷邻近卫所、土司;次年七月掠合江、纂江。二十六年十一月,又大掠贵州,侵入湖广48屯,阻塞驿站。二十七年(1599年)二月,贵州巡抚江东之派兵讨伐杨失利。朝廷起用都御史李化龙兼兵部侍郎,节制川、湖、贵三省军事,进剿叛军,各有胜负。二十八年(1600年),李化龙在重庆会集文武,分兵八路,进剿播州。六月,平定播州,杨应龙举家自尽。杨氏自唐以来800余年占据播州的历史,自此而终。

李自成攻入北京·朱由检自缢煤山

崇祯十七年（1644年）正月李自成正式宣布建立大顺政权后，即于当月派兵东征。先遣队在刘宗敏、李过率领下，迅速攻克山西几十个州县。李自成闻前线告捷，于二月亲率大顺军主力从禹门渡过黄河，进入山西。八日攻克太原，俘获晋王朱求桂。接着连破上党（今山西长治）、彰德（今河南安阳）、固关、真定（今河北正定）。然后兵分两路，直扑北京。大顺军所到之处，明军或降或逃，三月中旬，两路大军会师北京城下。

李自成永昌通宝

三月十七日，李自成亲自指挥大军环攻九门。十八日，大顺军将士架飞梯奋力攻城，越墙而入，攻占外城。与此同时，明太监曹化淳献彰义门投降。崇祯帝朱由检听到城破，立即命其三个儿子更衣出逃，逼周皇后自缢，剑砍长女乐安公主手臂，又杀妃嫔数人，然后换上便服，携太监王承恩等数十人，出东华门，企图出逃，没成功，又返回宫内。十九日清晨，李自城军攻破内城。崇祯亲自响钟召集百官，竟无一人响应。崇祯见大势已去，便与太监王承恩入内苑，对缢于煤山寿皇亭树下。明朝至此宣告灭亡。当日中午，大顺军千骑自正阳门入城，京师居民设大顺永昌香案夹道欢迎。李自成身着毡笠缥衣，乘乌驳马自承天门（今天安门）入宫，登临皇极殿（今太和殿）。李自成攻占京师后，即会都于此，出榜安民。

吴三桂起兵·三藩反清

　　康熙十二年（1673年），康熙帝下令撤藩，将吴三桂、耿精忠、尚可喜三藩撤除，将其军权、财政权及用人权收归中央，结束其各拥重兵、自雄一方、尾大不掉的局面。清廷撤藩令下达后，吴三桂极其不快。同年八月，康熙帝命礼部左侍郎折尔肯、翰林院学士兼礼部侍郎傅达礼等前往云南，会同平西王吴三桂及总督、巡抚等，议商布置官兵防地，管理该藩撤兵起行等事。当

吴三桂（中）坐像

折尔肯等人到达云南后，吴三桂与其部下吴应麟、吴国贵、高得捷、其婿夏国相、胡国柱等密谋叛清。同时他安排亲信党羽，严守关隘，严格把持关口，过往人只许进不许出。十一月二十一日，他杀了云南巡抚朱国治，以所部兵力起兵反叛清廷，亮出反叛大旗，云南提督张国柱、贵州提督李本深等将领随之反叛。吴三桂自称天下都招讨兵马大元帅，建国号周，以次年为周王昭武元年，铸钱"利用通宝"，命部属剪辫蓄发，改换汉装，亲自祭奠被他杀死的南明永历帝。军队旗色皆白，步骑皆以白毡为帽，并扣留了折尔肯等大臣。

吴三桂命马宝等将率大军从贵州进兵湖广，王屏藩等统领大军由四川伺攻陕西。不久，吴三桂又致书平南王尚可喜、靖南王耿精忠以及贵州、湖南、湖北、陕西、四川等省的熟识将吏，同举叛旗。十二月，吴三桂进驻贵州。这一年吴三桂占领了沅州、常德、衡州、长沙、岳州等地。吴三桂所向无敌，清军因极少准备而节节败退。

康熙十三年（1674年）三月，靖南王耿精忠收到吴三桂劝其共同反清书信，且看到吴三桂攻克常德、岳州，心中暗喜，决心从叛。三月二十二日，耿精忠据福州叛乱，自称总统兵马大将军，传檄各府县蓄发，改汉装，铸钱"裕民通宝"。一时间，江西、浙江等地响应吴、耿的人越来越多。康熙十五年（1676年），吴三桂、郑经部下连陷惠州等府县，耿精忠与吴军联合，阻截清军援救广东。二月二十一日，尚之信派兵包围平南王尚可喜住处，叛依吴三桂，受封招讨大将军，改旗易服。六月，尚、耿与孙延龄力图实现与吴三桂会师江西的计划，至此，三藩之乱业已形成，战火遍及半个中国，一直到康熙二十年（1681年），三藩之乱才算平息。

南怀仁铸神勇大炮

康熙十三年（1674年）八月，康熙命治理历法的南怀仁造火炮应军需之急。于是，南怀仁尽心竭力，运用妙法制造出轻巧的火炮。次年五月，火炮铸成。康熙亲往卢沟桥炮场检验。这种炮炮身小，火力强，命中率极高，可放置在骡马背上行军，非常轻便，容易运输。康熙对此大加称赞。从此，这种火炮大量生产，一年内铸造约350门。清军将士称此炮为"得胜炮"，康熙二十年（1681年），康熙帝将其定名为"神威将军炮"，并用它武装八旗军士。

南怀仁还向康熙帝呈上《神炮图说》一书。在书中，他详细地介绍了这种炮的制造方法和使用技巧。康熙又谕命南怀仁制造各种型号更有威力的火炮。此后，南怀仁又制造了其他型号的火炮，并对旧炮加以修理。康熙为表彰南怀仁的功劳，加封他为工部右侍郎。南怀仁铸造的火炮，轻便利于登涉，应了军需之急，在铸炮史上值得大书一笔。

南怀仁铸的神威将军炮

雍正帝即位

康熙六十一年（1722年）十一月二十日，康熙帝第四子胤禛在太和殿即皇帝位，历史上称雍正帝。随后，他祭告天地、宗庙、社稷，公告天下，以明年为雍正元年。命隆科多为吏部尚书，封允禩、允祥为亲王，允禩兼管理藩院事，允祥管户部三库事务。

雍正帝即位有其历史原因。在康熙晚年争夺储位的斗争中，雍正已暗结党羽，形成一派势力。其中，有十三皇子允祥，康熙内弟、近臣、贵幸隆科多，大学士马齐，川陕总督年羹尧等人。这一派力量很强，活动诡秘，未曾受到康熙帝的怀疑和指责。此外，雍正即位的优势还在于他自幼由康熙抚育，在康熙身边长大成人，而不是像其他皇子由别人抚育，远离圣驾。所以，雍正更能够善体圣意，问寒问暖，殷勤有加，深得康熙好感。雍正虽然私下里与诸皇子对立，在康熙面前却从不表露，相反，还常对诸皇子誉以美言。由于胤禛工于心计、手腕高明，因此深得康熙赏识，称赞他性量过人，深明大义，居心行事，有伟人气魄，并多次委以重任。康熙晚年重用胤禛的明显标志，是委托他查勘通州粮仓，以及代行主持南郊大祀。康熙晚年还经常让胤禛陪伴游园散心，康

雍正帝胤禛像

熙病重时，胤禛曾流泪照顾服药。由于雍正和康熙帝感情密切，未曾发生过裂痕；且在委以重任时亦表现出办事才干和忠孝品质，这样，康熙很早便对他深怀信任。在病危时刻，召集诸皇子到御榻前，面谕四皇子胤禛继承皇位，史称雍正帝。

在康熙晚年争夺储位的斗争中，康熙帝第八子允禩锋芒毕露，并形成了以他为首的一个政治集团。雍正帝继位后，自然将其列为主要的政敌。但是为了不操之过急，先稳住对手，便给予重用。雍正二年（1724年）七月，雍正帝颁布亲书的《朋党论》，指责允禩等人结党，向其发出了一个信号。为最后孤立允禩，雍正帝先惩治了他的党羽，将苏努、允䄉、允䄉等人治罪后，于雍正四年（1726年）正月发出上谕，历数允禩之罪状，并革去黄带子，削除宗籍。同年八、九月，允禟、允禩相继死于禁所，延续几十年的储位之争结束。

雍正帝即位之初，也颇有政绩，如建立密折制度、秘密立储制度，禁八旗子弟酗酒妄为，设立会考府，重设翻译科，实行摊丁入地制，清查亏空，整顿吏治，制驭太监，禁建生祠书院，建立朝考制度，豁贱为良，削除乐籍，削惰民丐籍等。

秘密立储制度建立

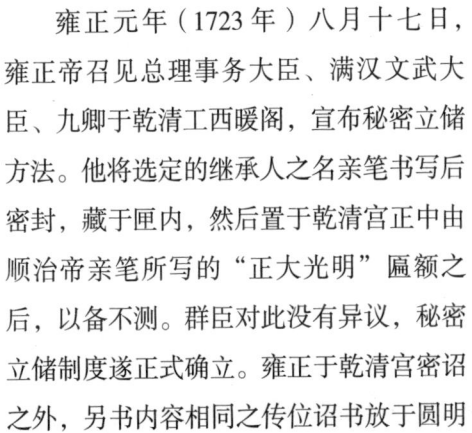

雍正元年（1723年）八月十七日，雍正帝召见总理事务大臣、满汉文武大臣、九卿于乾清工西暖阁，宣布秘密立储方法。他将选定的继承人之名亲笔书写后密封，藏于匣内，然后置于乾清宫正中由顺治帝亲笔所写的"正大光明"匾额之后，以备不测。群臣对此没有异议，秘密立储制度遂正式确立。雍正于乾清宫密诏之外，另书内容相同之传位诏书放于圆明园内。雍正帝密建太子，收到了立国本以固人心的政治效果，避免了历代皇子为争储位、储君与皇帝争权，以致储贰骄纵、皇帝身心忧瘁等弊端。该制度减少了政治混乱，有利于政局稳定。乾隆帝登基后，认为此法甚好，于是继续实行。后来的嘉庆、道光都相继采用这个方法立嗣。除将密诏置于乾清宫"正大光明"匾额后面外，亦把内容相同的传位诏书放一小匣内，随身携带，以防不测。此后咸丰只有一子，同治、光绪无子，因此，也就无从施行此法。

从雍正创立秘密立储制度到乾隆、嘉庆、道光、咸丰诸帝的继承来看，这一制度是成功的。

秘密建储匣

太平军达到顶峰

太平军在数年与清军作战的过程中使自己发展到旧式农民武装的顶峰。

太平军官兵信仰拜上帝教，将中国古代农民平均主义和西方基督教教义中的平等思想融合起来，成为其指导思想和建设军队的强大感召力。咸丰三年（1853年）攻占天京时，全军发展到数十万人，作战人员有10~15万人，最盛时号称百万。

太平军建制仿《周礼》夏官的体制，分伍、两、卒、旅、师、军六级。军是主要建制单位，每军有军官1316人，伍长、士兵12500人，共计13816人。1853年共106军，其中95军为陆营，另有水营、土营和骑兵。1852年8月在湖南道洲、桂阳、郴州等地招募了几千名挖煤工人，编为2个军的土营，成为中国近代最早出现的独立的工兵兵种。在攻坚战中，从事"穴地攻城"，建立了奇功。水营建于1852年冬，共9个军，在进攻武昌、南京及与湘军水师的战斗中都有突出的表现，并长期担负运输任务。

太平军组织严密，纪律严明，军令从初起兵时的5条发展到62条，并于1852年刊刻《太平条规》，包括"定营规条十要"的军事纪律和"行营规矩十令"的群众纪律。在起义前期，太平军认真执行这些纪律，管理井然有序，深受群众爱戴和欢迎。其装备以刀矛弓箭等冷兵器及鸟枪、抬枪等旧式火器为主，后来以战斗中缴获的洋枪洋炮装备部队，并重视火炮的制造和使用。水营船只多为民船，大小不等，制式不一，没有区别运输船和作战船只，其作战能力十分有限。其后勤供给实行"圣库"制度，实行"人人不受私"、"有田同耕，有饭同食，有衣同穿，有钱同使"的平均主义。他们重视军队的教育和训练，官兵每天早晚都须敬拜上帝，每个礼拜都举行宗教仪式。有重大军事行动前,都必须以讲道理的形式进行宣传教育和战前动员,分析形势,明确作战目的、任务和部署。这些教育和训练提高了士兵的军事和思想素质,强化了作战能力。

太平军还建立了以洪秀全为最高统帅,由中、前、后、右、左五军主将和正、又正、副、又副四等军师组成的统率核心。1851年永安封王后,东王杨秀清成为全军的实际统帅,统制西、南、北、翼各王。冯云山、萧朝贵的战死,更加强了其权力,而削弱了指挥中枢的作用,埋下了起义军失败的祸根。

这支农民起义军在前后10多年的战争中,转战18个省,攻克城市500多座,与其组织严密、纲领明确、作战水平高超是分不开的。它的辉煌战绩标志着中国旧式农民武装发展的顶峰,并且还具有了一些近代军队的特征,在军事上、政治上以及其他各个方面,都是对清朝统治集团极其沉重的打击。太平军在农民武装斗争史上写下了灿烂的篇章。